KB197596

한권 한달 완성
러시아어 말하기

Lv. 1

한권 한달 완성
러시아어 말하기 Lv. 1

초판 1쇄 발행 2025년 2월 6일

지은이 최수진
펴낸곳 (주)에스제이더블유인터내셔널
펴낸이 양홍걸 이시원

홈페이지 www.siwonschool.com
주소 서울시 영등포구 영신로 166 시원스쿨
교재 구입 문의 02)2014-8151
고객센터 02)6409-0878

ISBN 979-11-6150-943-3 13790
Number 1-541111-26269921-09

한권 한달 완성
러시아어 말하기 Lv. 1

최수진(Masha) 지음

SIWON
SCHOOL
RUSSIAN

시원스쿨닷컴

Добрó пожáловать, дорогúе друзья́!

환영합니다, 여러분!

러시아어를 시작하시는 여러분, 많이 기다리셨죠? 기초 러시아어 NO.1 마샤샘과 함께 하는 <한권 한달 완성 러시아어 말하기> 시리즈가 드디어 출간되었습니다! 앞으로 여러분들은 본 교재로 학습하면서 러시아어로 말문을 틀 수 있는 기적을 맛보게 될 겁니다.

누군가는 러시아 여행을 떠나기 위해, 또 누군가는 학업이나 업무에 도움이 되기 위하여, 아니면 그야말로 신기하고 멋져 보이는 러시아어 그 자체에 빠져 러시아어를 배우기도 합니다. 하지만 각자 자기만의 목적 달성을 위해 야심 차게 러시아어 공부를 시작하지만, 기대와 달리 생각보다 빨리 포기해버리는 경우가 적지 않습니다.

오랜 시간 동안 러시아어 교육현장에 몸 담고 있는 한 사람으로서 아직까지도 러시아어라고 하면 배우기 어려운 언어라고만 여겨지는 현실이 매우 안타깝습니다. 아마도 생소한 발음, 복잡해 보이는 문법 체계, 어떻게 읽어야 할지 엄두조차 내지 못하는 키릴 문자를 보고 많은 분들이 러시아어를 포기하는 것 같습니다. 그래서 저는 <한권 한달 완성 러시아어 말하기> 시리즈를 접하는 모든 학습자들이 더 이

상은 러시아어가 어렵지 않고, '이렇게 쉽고 재미있는 언어인 줄 몰랐네!' 라고 느낄 수 있도록 최대한 학습자의 눈높이에 맞추어 본 교재를 집필하였습니다.

여러분이 이 교재로 학습을 한다면 일단 러시아어 기초 학습에 꼭 필요한 어휘와 핵심 표현을 여러 번 반복하면서 자연스럽게 익힐 수 있습니다. 실제 회화에서 활용할 수 있게 실전 회화문을 탄탄하게 구성하였고, 원어민 MP3 파일을 계속 듣고 따라 하면서 연습하다보면 자연스럽게 억양을 살려 말하게 됩니다.

그리고 제가 교재를 집필하면서 특별히 신경을 썼던 부분은 한 과에서 배우는 양은 기초 단계 학습자들이 부담을 느끼지 않을 만큼만 다루려고 한 점입니다. 또한 모든 공부가 그러하겠지만, 특히 외국어 말하기 실력은 끊임없는 반복 학습을 통해 키워진다고 볼 수 있습니다. 그래서 중간중간에 오로지 복습만 하는 내용을 따로 구성하였고, 실전 테스트를 통해 지금까지 배운 내용을 다시 되짚어 보며 온전히 자신의 것으로 만들 수 있도록 구성했습니다.

러시아어 속담 중에 《Глазá боя́тся, а ру́ки де́лают(눈은 무서워하지만 손은 일을 한다).》 라는 말이 있습니다. 두렵거나 어려운 상황에서도, 용기를 내어 직접 행동으로 보여주면 원하는 바를 얻을 수 있다는 뜻입니다. 지금까지 러시아어가 어렵다고 느끼거나 포기하신 분들이 있다면, 다시 도전해보세요! 마샤샘이 쉽고 재미있는 러시아어 세계로 빠져들 수 있게 도와드리겠습니다.

아무쪼록 본 교재가 러시아어를 공부하시는 모든 분들에게 좋은 길잡이가 되기를 바랍니다.

저자 **마샤샘(최수진)**

이 책의 구성과 특징

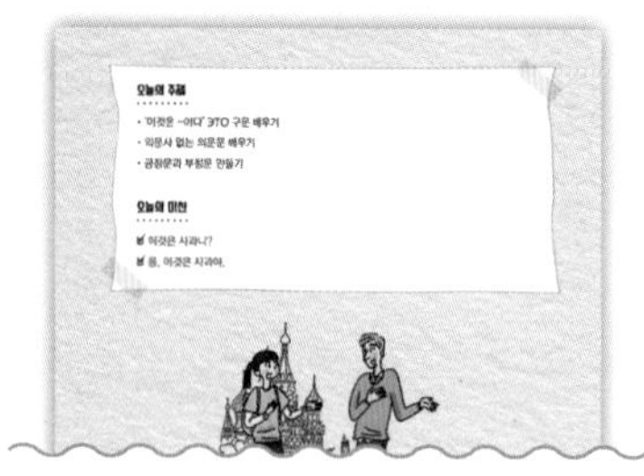

오늘의 주제

해당 урок에서 배우게 될 내용을 먼저 확인하면서 러시아어 학습을 준비해 볼까요? 각 урок에서 반드시 기억해야 할 표현들도 오늘의 미션에서 먼저 확인해 보세요.

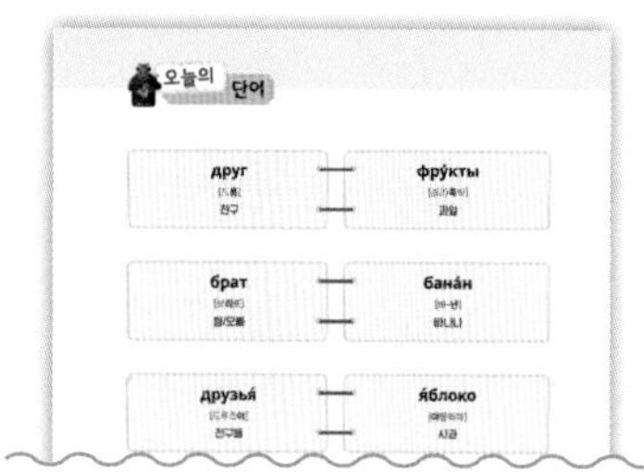

오늘의 단어

왕초보 단계에서 꼭 알아야 할 단어들을 먼저 배워 보세요. MP3를 들으며 각 단어의 발음을 정확히 익힌 뒤, 큰 소리로 여러 번 따라 읽으며 자연스럽게 입에 익혀 보세요.

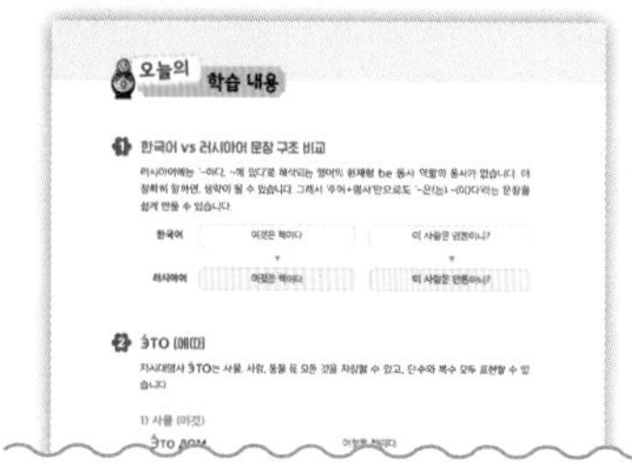

오늘의 학습 내용

러시아어 문법, 어렵지 않아요! 각 урок에서는 보기 쉽게 정리된 표와 다양한 응용 예문으로 필수 문법을 익힐 수 있어요. 추가적으로 알아 두면 유용한 내용은 마샤쌤의 꿀팁 한 스푼에서 짚어 드려요.

오늘의 핵심 표현

기초 회화 실력을 쌓을 수 있는 대화문으로 각 урок의 핵심 문장을 연습해 보세요. 그리고 핵심 포인트에서 마샤쌤이 알려 주는 러시아어 회화 팁도 확인해 보고, 미션 클리어에서 해당 과의 미션 문장도 잊지 말고 꼭 체크하세요!

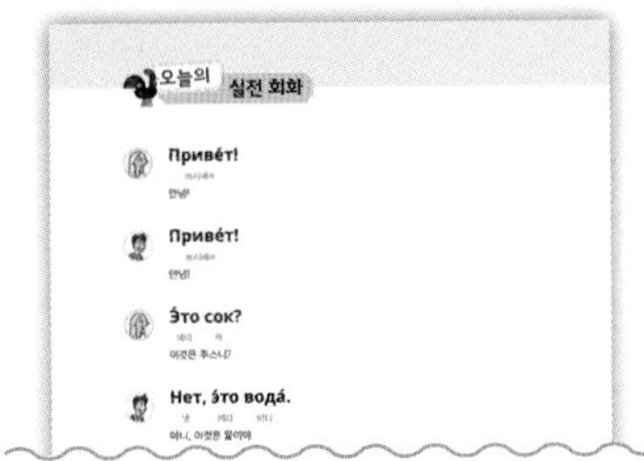

오늘의 실전 회화

여러분의 회화 실력을 높일 수 있도록 урок의 주요 문형으로 실전 회화문을 구성하였습니다. 네이티브 성우가 녹음한 MP3를 듣고, 자연스러운 회화 톤을 살려 말하는 연습을 해 보세요. 그리고 러시아어 실력을 높일 수 있는 다양한 보너스 표현도 놓치지 마세요!

오늘의 연습문제

각 урок에서 다룬 핵심 어휘와 문형에 대한 이해도를 점검하는 연습문제를 제공합니다. 제시된 문제에 적절한 답을 적어 보면서 스스로 얼마나 완벽하게 학습 내용을 이해했는지 확인해 보세요.

쉬어가기

러시아의 여러 가지 문화를 접하고, 여행 팁도 얻을 수 있는 코너입니다. 그리고 여러분의 러시아어 수준을 한층 높여줄 추가 어휘와 다양한 퀴즈까지 제공하니, 재미와 실력을 동시에 챙겨 보세요.

원어민 성우 무료 MP3 파일

원어민 성우의 정확한 발음을 듣고 따라하며 본 교재의 내용을 반복 연습할 수 있도록 무료 MP3 파일을 제공합니다.

미션 문장 쓰기 노트, 필수 동사 변화표

본 교재에서 다룬 미션 문장과 필수 동사 변화표를 PDF로 제공합니다. 배운 내용을 PDF로 복습하면서 실력을 다져보세요.

저자 직강 동영상 강의

독학을 위한 저자 유료 동영상 강의를 제공합니다. 동영상 강의는 russia.siwonschool.com 에서 확인하세요.

차례

준비하기 01

러시아어 알파벳 (1)

А Б В Г Д

오늘의 학습내용 러시아어 알파벳 А, Б, В, Г, Д 알아보기

알파벳	명칭	발음	예시	
А а	а [아]	아	ма́ма [마마] 엄마	там [땀] 저기
Б б	бэ [베]	ㅂ	банк [반끄] 은행	брат [브라뜨] 형/오빠
В в	вэ [베]	v	во́дка [보(v)뜨까] 보드카	ва́за [바(v)자] 꽃병
Г г	гэ [게]	ㄱ	газ [가스] 가스	гид [기뜨] 가이드
Д д	дэ [데]	ㄷ	да [다] 네, 예	дом [돔] 집

пока́ [빠까] 잘 가!

준비하기 02

러시아어 알파벳 (2)

Е Ё Ж З И

오늘의 학습내용 러시아어 알파벳 Е, Ё, Ж, З, И 알아보기

알파벳	명칭	발음	예시	
Е е	е [예]	예	нет [녜ㄸ] 아니요	бег [볘ㄲ] 달리기
Ё ё	ё [요]	요	ёлка [욜까] 크리스마스 트리	всё [f쇼] 모든 것, 전부
Ж ж	жэ [줴]	zh	жира́ф [쥐라f] 기린	живо́т [쥐보ㄸ] 위, 복부, 배
З з	зэ [제]	z	ро́за [로자] 장미	зонт [존뜨] 우산
И и	и [이]	이	и́мя [이먀] 이름	три [뜨리] 3

приве́т [쁘리볘ㄸ] 안녕!

준비하기 03

러시아어 알파벳 (3)
Й К Л М Н

오늘의 학습내용 러시아어 알파벳 Й, К, Л, М, Н 알아보기

알파벳	명칭	발음	예시	
Й й	и краткое [짧은 이]	이	май [**마**이] 5월	музéй [무**제**이] 박물관
К к	ка [까]	ㄲ	кот [**꼬**ㄸ] 고양이	кóфе [**꼬**폐] 커피
Л л	эл [엘]	ㄹ	лифт [**리**프ㄸ] 엘리베이터	алло́ [알**로**] 여보세요
М м	эм [엠]	ㅁ	март [**마**르ㄸ] 3월	мóре [**모**례] 바다
Н н	эн [엔]	ㄴ	винó [비**노**] 와인	нос [**노**ㅆ] 코

보너스 표현 мóжно [모쥬나] 할 수 있다

준비하기 04

러시아어 알파벳 (4)

О П Р С Т

오늘의 학습내용 러시아어 알파벳 О, П, Р, С, Т 알아보기

알파벳	명칭	발음	예시	
О о	о [오]	오	он [온] 그	кинó [끼노] 영화, 영화관
П п	пэ [뻬]	ㅃ	пáпа [빠빠] 아빠	лáмпа [람빠] 램프
Р р	эр [에르]	r	рабóта [라보따] 일	рот [로ㄸ] 입
С с	эс [에스]	ㅆ(ㅅ)	сок [쏙] 주스	стол [스똘] 책상
Т т	тэ [떼]	ㄸ	сто [스또] 100	гитáра [기따라] 기타

보너스 표현 спаси́бо [스빠씨바] 감사합니다

준비하기 05

러시아어 알파벳 (5)
У Ф Х Ц Ч Ш

오늘의 학습내용 러시아어 알파벳 У, Ф, Х, Ц, Ч, Ш 알아보기

알파벳	명칭	발음	예시	
У у	у [우]	우	у́жин [우쥔] 저녁	суп [수ㅃ] 수프
Ф ф	эф [에프]	f	кафе́ [카페(f)] 카페, 커피점	о́фис [오피(f)ㅆ] 오피스, 사무실
Х х	ха [하]	kh(h)	хо́бби [호비] 취미	са́хар [싸하ㄹ] 설탕
Ц ц	цэ [쩨]	ㅉ	лицо́ [리쪼] 얼굴	цирк [찌르ㄲ] 서커스
Ч ч	чэ [췌]	ch	чай [촤이] 차	врач [브라ㅊ] 의사
Ш ш	ша [샤]	sh	шеф [쉐f] 쉐프, 요리사	шко́ла [슈꼴라] 학교

보너스 표현 извини́(те) [이즈비니쩨] 죄송합니다

준비하기 06

러시아어 알파벳 (6)
Щ Ъ Ы Ь Э Ю Я

오늘의 학습내용 러시아어 알파벳 Щ, Ъ, Ы, Ь, Э, Ю, Я 알아보기

알파벳	명칭	발음	예시	
Щ щ	ща [시차]	shch	плащ [쁠**라**시] 외투, 비옷	
ъ	твёрдый знак [경음부호]	없음	съёмка [쓰-**욤**까] 촬영	
ы	ы [의]	의(으이)	ты [**띄**] 너	ры́ба [**릐**바] 생선
ь	мягкий знак [연음부호]	없음 ('ㅡ'와 'ㅣ'의 사잇소리)	здесь [즈**제**스] 여기	
Э э	э [에]	에	эмо́ция [에**모**찌야] 감정	
Ю ю	ю [유]	유	ключ [끌**류**ㅊ] 열쇠	юри́ст [유**리**스ㄸ] 변호사
Я я	я [야]	야	я [**야**] 나	мяч [**먀**ㅊ] 공

보너스 표현 су́пер [수빼ㄹ] 최고, 대단하다

준비하기 07

발음 규칙 (1)
모음에 따른 강세 규칙

오늘의 학습내용 모음에 따른 강세 규칙 학습하기

1. 강세 규칙이 왜 중요할까?

- 모든 러시아어 단어에는 강세가 1개씩 존재한다!
- 강세는 모음에만 온다!
- 강세가 있는 모음은 길고 강하게 발음한다!
- 강세 유무에 따라 발음이 달라진다!

2. 강세 규칙 익히기

① OA 강세규칙

강세 있는 O	[o] 그대로 발음	то́рт 케익	➡	т[о́]рт [또르ㄸ]
강세 없는 O	[o] 대신 [a]로 발음	Москва́ 모스크바	➡	М[а]сква́ [마스끄바]

② ЯЕИ 강세규칙

강세 있는 Я	[я] 그대로 발음	мя́со 고기	➡	м[я́]са [먀싸]
강세 없는 Я	[я] 대신 [и]로 발음	язы́к 언어	➡	[и]зы́к [이직ㄲ]

강세 있는 E	[e] 그대로 발음	биле́т 티켓	➡	бил[е́]т [빌례ㄸ]
강세 없는 E	[e] 대신 [и]로 발음	сестра́ 자매	➡	с[и]стра́ [씨쓰뜨라]

③ ЯЕИ 강세규칙 예외

: 강세 뒤에(오른쪽에) 있는 **Я**, **Е**는 그대로 발음!

강세 없는 Я	[я] 그대로 발음	Коре́я 한국	➡	Коре́[я] [까례야]
강세 없는 Е	[е] 그대로 발음	го́ре 슬픔	➡	го́р[е] [고례]

보너스 표현 хорошо́ [하라쇼] 잘, 좋습니다

준비하기
08

발음 규칙 (2)
유성음/무성음 발음 규칙

오늘의 학습내용 유성음과 무성음에 따른 발음 규칙 학습하기

1. 러시아어 알파벳 алфави́т

А а	Б б	В в	Г г	Д д
Е е	Ё ё	Ж ж	З з	И и
Й й	К к	Л л	М м	Н н
О о	П п	Р р	С с	Т т
У у	Ф ф	Х х	Ц ц	Ч ч
Ш ш	Щ щ	ъ	ы	ь
Э э	Ю ю	Я я		

유성음(11개): 성대가 잘 울리는 소리
무성음(10개): 성대가 덜 울리는 소리

2. 유성음과 무성음 짝꿍

유성음	Б б [베]	В в [v베]	Г г [게]	Д д [데]	Ж ж [쥬]	З з [z제]
무성음	П п [뻬]	Ф ф [에f프]	К к [까]	Т т [떼]	Ш ш [샤]	С с [에쓰]

3. 유성음과 무성음 발음 규칙

① 어말 무성음화: 단어 끝에 유성음이 오면 짝꿍 무성음으로 발음

단어의 마지막 철자가 유성음	газ 가스	друг 친구	нож 칼
	⬇	⬇	⬇
무성음으로 발음	[гас] [가ㅆ]	[друк] [드루ㄲ]	[нош] [노sh]

② 무성음화: 유성음과 무성음이 연달아 오면 유성음은 짝꿍 무성음으로 발음

유성음 + 무성음	во́дка 보드카	авто́бус 버스	блу́зка 블라우스
	⬇	⬇	⬇
무성음 + 무성음으로 발음	[вотка] [보뜨까]	[афтобус] [아f또부ㅆ]	[блуска] [블루쓰까]

③ 유성음화: 무성음과 유성음이 연달아 오면 무성음은 짝꿍 유성음으로 발음

무성음 + 유성음	футбо́л 축구	вокза́л 기차역	сда́ча 잔돈
	⬇	⬇	⬇
유성음 + 유성음으로 발음	[фудбол] [푸드볼]	[вагзал] [바그잘]	[здача] [즈다차]

보너스 표현 пожа́луйста [빠좔루이쓰따] 부탁합니다

준비하기
09

발음 규칙 (3)
기타 발음 규칙

오늘의 학습내용 러시아어의 다양한 기타 발음 규칙 학습하기

1. 구개음화 현상이 일어나는 발음 규칙

а [아]	э [에]	ы [의]	о [오]	у [우]
я [야]	е [예]	и [이]	ё [요]	ю [유]

① Д + я е и ё ю ь : Д (ㄷ)의 발음은 'ㄷ'과 'ㅈ'의 사잇소리가 된다!

студéнт	оди́н	дя́дя
⬇	⬇	⬇
[스뚜젠ㄸ]	[아진]	[쟈쟈]

② Т + я е и ё ю ь : Т (ㄸ)의 발음은 'ㄸ'과 'ㅉ'의 사잇소리가 된다!

аптéка	Кáтя	тётя
⬇	⬇	⬇
[앞쩨까]	[까쨔]	[쬬쨔]

2. 일부 자음 결합에 따른 기타 발음 규칙

① 자음 чт가 연달아 오면 [шт]로, чн는 [шн] 로 발음한다.

что	➡	[што] (쉬또)	коне́чно	➡	[канешна] (까녜슈나)

② 자음 тс가 연달아 오면 [ц]로 발음

спортсме́н	➡	[спарцмен] (스빠르쯔멘)

보너스 표현 Как дела́? [깍 질라] 어떻게 지내?

준비하기 10

러시아어 억양 구조

오늘의 학습내용 러시아어의 억양 구조 학습하기

1. 러시아어 억양 특징

- интонацио́нные констру́кции 또는 интона́ция (ИК)
- 정확한 의미 전달과 뉘앙스 파악을 위해 꼭 필요!
- 문장 종류(평서문, 의문문 등)에 따라 억양이 나뉨!
- ИК-1에서 ИК-5까지 총 5개의 대표적인 억양구조!

① ИК-1 (평서문) ———＼———

중간 톤으로 일정하게 발음하다가 마지막에는 더 낮은 톤으로!
문장에서 가장 중요한 단어의 강세를 상대적으로 더 길게 발음!

Э́то Ма́ша.
에따 마샤
이 사람은 마샤야.

Он там.
온 땀
그는 저기에 있어.

Я люблю́ вас.
야 류블류 바ㅆ
나는 당신을 사랑해요.

Я люблю́ вас.
야 류블류 바ㅆ
나는 당신을 사랑해요.

② ИК-2 (의문문 1) ——╱ ╲———

의문사가 있는 의문문을 말하거나 누군가를 호명할 때 사용!
문장에서 가장 중요한 '의문사'의 강세를 더 강조하여 발음!

Что э́то? 이것은 무엇입니까?
쉬또 에따

Когда́ экза́мен? 시험이 언제야?
까그다 에그자

Све́та, где ты? 스베따, 너 어디야?
스베따 그제 띄

③ ИК-3 (의문문 2) ———╱ ———

의문사가 없는 의문문을 말할 때 사용!
묻고자 하는 단어의 강세를 더 강조하여 발음!
평서문과 어순이 동일하기 때문에 억양을 정확하게 구분!

Он там? 그는 저기에 있니?
온 땀

Э́то хорошо́? (이것은) 좋습니까?
에따 하라쇼

Ты зна́ешь меня́? 너는 나를 아니?
띄 즈나예쉬 미냐

Ты зна́ешь меня́? 너는 나를 아니?
띄 즈나예쉬 미냐

④ ИК-4 (부가의문문)

다시 되물을 때 사용하고, 주로 접속사 'А' (그럼, 그런데)와 함께 사용
ИК-3와 같이 묻고자 하는 단어의 강세를 더 강조하여 발음!

Я студéнт. А ты? 나는 학생이야. (그런데) 너는?
야 스뚜젠ㄸ. 아 띄

Меня́ зову́т Ма́ша. А вас? 제 이름은 마샤입니다. (그러면) 당신은요?
미냐 자부ㄸ 마샤. 아 바스

⑤ ИК-5 (감탄문)

감탄문에서 사용하고, 살짝 과장되어 발음하면 더 좋음!
주로 'Как' (어떻게, 얼마나), 'Какой' (어떤) 의문사로 시작!
첫 단어에 강세를 올려, 높은 톤을 유지하다가 뒷부분에서 떨어짐!

Как краси́во! 너무 예쁘다! (얼마나 아름다운가!)
깍 끄라씨바

Кака́я хоро́шая пого́да! 날씨 정말 좋다! (얼마나 좋은 날씨인가!)
까까야 하로샤야 빠고다

2. 기본적인 러시아어 문법 특징

- 모든 명사는 하나의 문법적 성을 가지고 있음. (남성/여성/중성)
- 러시아어 문법에는 6개의 격이 있음. (한국어의 조사 역할)

주격	생격	여격	대격	조격	전치격
~은, 는, 이, 가	~의	~에게	~을, 를	~로서	~에서

- 러시아어 동사는 문장의 주어에 따라 변화함.

보너스 표현 Ничегó! [니취보] 괜찮습니다!

Урок 01

Э́то мой телефо́н.
이것은 내 폰이야.

오늘의 주제

- '이것은 ~이다' ЭТО 구문 배우기
- 의문사 없는 의문문 배우기
- 긍정문과 부정문 만들기

오늘의 미션

☑ 이것은 사과니?
☑ 응, 이것은 사과야.

MP3 바로 듣기

오늘의 단어

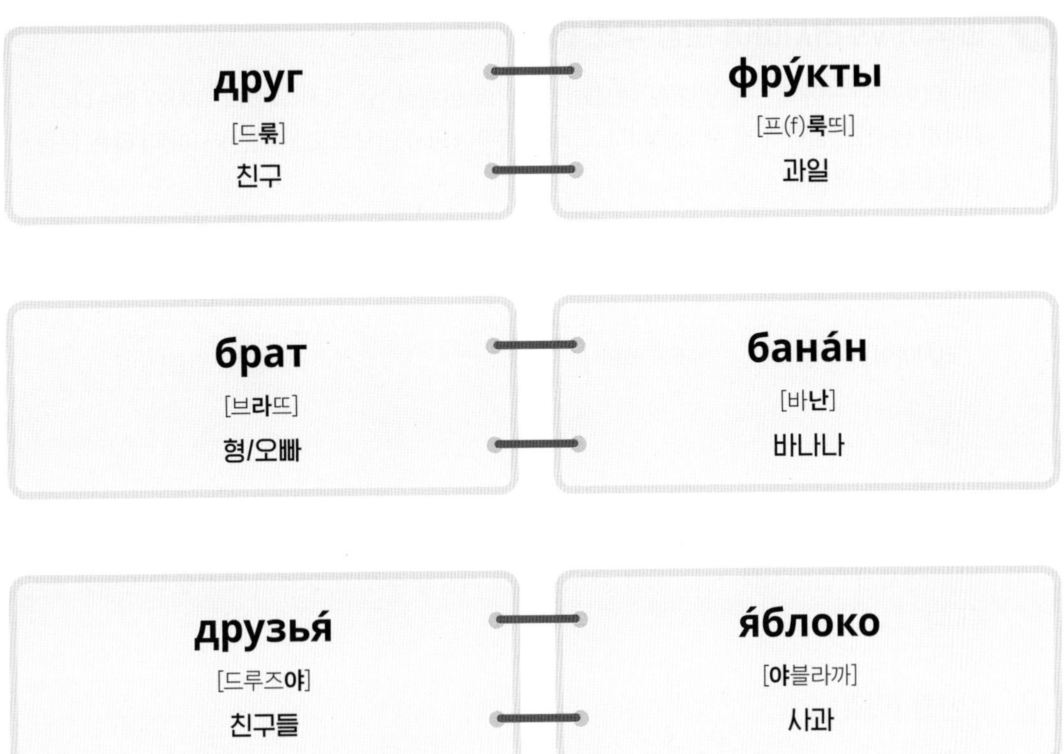

друг
[드룩]
친구

фру́кты
[프(f)룩띄]
과일

брат
[브라뜨]
형/오빠

бана́н
[바난]
바나나

друзья́
[드루즈야]
친구들

я́блоко
[야블라까]
사과

오늘의 학습 내용

1 한국어 vs 러시아어 문장 구조 비교

러시아어에는 '~이다, ~에 있다'로 해석되는 영어의 현재형 be 동사 역할의 동사가 없습니다. 더 정확히 말하면, 생략이 될 수 있습니다. 그래서 '주어+명사'만으로도 '~은(는) ~(이)다'라는 문장을 쉽게 만들 수 있습니다.

2 Э́то (에따)

지시대명사 Э́то는 사물, 사람, 동물 등 모든 것을 지칭할 수 있고, 단수와 복수 모두 표현할 수 있습니다.

1) 사물 (이것)

Э́то дом. 이것은 집이다.
에따 돔

Э́то во́дка. 이것은 보드카다.
에따 보뜨까

2) 사람 (이 사람)

Э́то Ма́ша. 이 사람은 마샤다.
에따 마샤

Э́то брат. 이 사람은 형/오빠다.
에따 브라뜨

3) 복수형 (이것들/이 사람들)

Э́то фру́кты. 이것들은 과일들이다.
에따 프(f)룩띄

Э́то друзья́. 이 사람들은 친구들이다.
에따 드루즈야

3 의문사가 없는 의문문 (YES or NO 질문)

평서문을 의문사가 없는 의문문으로 바꿀 때 어순의 변화가 없습니다. 단, 억양 차이가 있으므로 반드시 구분해서 읽어야 합니다.

Э́то дом.
에따 돔
이것은 집이다.

Э́то дом?
에따 돔
이것은 집이니?

Э́то друг.
에따 드룩
이 사람은 친구다.

Э́то друг?
에따 드룩
이 사람은 친구니?

4 긍정문으로 대답하기 (да)

Э́то бана́н?
에따 바난
이것은 바나나니?

Да, э́то бана́н.
다 에따 바난
응, 이것은 바나나야.

5 부정문으로 대답하기 (нет)

Э́то Ма́ша?
에따 마샤
이 사람은 마샤니?

Нет, э́то не Ма́ша.
넷 에따 니 마샤
아니, 이 사람은 마샤가 아니야.

주의 유사하게 보이지만, Нет은 '아니요(No)'라는 뜻으로 단독으로 사용하고, Не는 '~가 아니다(not)'라는 의미로서 절대 혼자 쓸 수 없습니다.

Э́то бана́н?
에따 바난
이것은 바나나니?

Нет, э́то не бана́н. Э́то я́блоко.
넷 에따 니 바난 에따 야블라까
아냐, 이것은 바나나가 아니야. 이것은 사과야.

✔ 대답할 때 상황에 따라 '이것은 바나나가 아니야'라는 문장은 생략하고, '이것은 사과야'라고 간단하게만 말해도 됩니다.

✔ 'Э́то бана́н?' 이 문장은 의문사가 없는 의문문으로서 평서문(Э́то бана́н.)과 어순이 동일합니다. 그러나 자연스럽게 문장의 끝을 내리는 평서문과 달리, 묻고자 하는 단어의 강세를 올려 더 강조하며 발음해야 합니다.

☆ 이것은 사과니?
Э́то я́блоко?
에따 야블라까

☆ 응, 이것은 사과야.
Да, э́то я́блоко.
다 에따 야블라까

Приве́т!
쁘리볘ㄸ
안녕!

Приве́т!
쁘리볘ㄸ
안녕!

Э́то сок?
에따 쏙
이것은 주스니?

Нет, э́то вода́.
녯 에따 바다
아니, 이것은 물이야.

추가 단어

сок [쏙] 주스
вода́ [바(v)**다**] 물

안녕하세요!

Здра́вствуйте!
즈드**라**스뜨부이쪠

1 다음 주어진 질문에 각각 긍정문과 부정문으로 답해 보세요.

❶ 질문 Э́то во́дка? (이것은 보드카입니까?)

긍정 ______________________________

(네, 이것은 보드카입니다.)

부정 ______________________________

(아니요, 이것은 보드카가 아닙니다.)

❷ 질문 Э́то брат? (이 사람은 오빠입니까?)

긍정 ______________________________

(네, 이 사람은 오빠입니다.)

부정 ______________________________

(아니요, 이 사람은 오빠가 아닙니다. 이 사람은 친구입니다.)

2 두 문장에 있는 빈칸에 공통으로 들어갈 단어를 적어 보세요.

______________ друзья́. (이 사람들은 친구들이다.)

______________ я́блоко. (이것은 사과다.)

▶ ______________________________

정답 p.268

역사와 현대가 만나는 도시, 모스크바

모스크바Москва는 전통과 현대가 아름답게 조화를 이루는 매력적인 도시입니다. 이곳에서는 러시아의 풍부한 역사와 현대적인 도시 풍경을 동시에 경험할 수 있답니다.

우선 크렘린 궁Кремль을 방문하면 러시아 제국의 웅장한 역사를 느낄 수 있어요. 크렘린 궁의 성벽과 이반 대제의 종탑, 성 바실리 대성당Храм Василия Блаженного은 중세 러시아의 위엄을 그대로 전달하죠. 그리고 크렘린 궁 근처에 위치한 붉은 광장Красная площадь에서는 일년 내내 다양한 행진과 축제가 열리고 있어요.

모스크바의 현대적 면모를 더 느끼고 싶다면 트베르스카야 거리Тверская улица와 아르바트 거리Арбат를 방문해 보세요. 쇼핑과 식사를 즐길 수 있는 상점들과 카페가 즐비해 있어, 도시의 활기찬 분위기를 체험하기에 좋아요. 현대 미술관과 극장들이 위치한 이 지역은 모스크바의 문화적 흐름을 엿볼 수 있는 곳입니다.

도심 속 여유를 느끼고 싶다면 모스크바 시민들의 쉼터로 많은 사랑을 받고 있는 고리키 공원Центральный парк культуры и отдыха им. Горького에서 모스크바 강을 따라 산책해 보는 것도 좋아요. 현대적인 공원과 아름다운 강변 풍경은 휴식과 여유를 제공해 줄 거예요.

하지만 무엇보다도, 러시아 문화를 깊이 있게 경험할 수 있는 볼쇼이 극장Большой театр과 푸쉬킨 미술관Государственный музей изобразительных искусств имени А. С. Пушкина을 놓칠 수 없겠죠? 세계적인 공연과 예술 작품들이 많은 관광객들을 기다리고 있답니다.

모스크바 여행 

모스크바 지하철은 단순한 교통수단을 넘어, 장엄한 건축물로 여행자들의 눈을 사로잡습니다. 각 역마다 독특한 인테리어와 예술 작품이 전시되어 있어 마치 지하의 박물관을 탐방하는 듯한 기분을 느낄 수 있으니, 모스크바를 여행할 때 참고하세요!

Урок 02

Кто э́то?

이 사람은 누구야?

오늘의 주제

- 의문사 있는 의문문 배우기
- 의문사 '무엇'(что) 구문
- 의문사 '누구'(кто) 구문

오늘의 미션

☑ 이것은 무엇인가요?

☑ 이 사람은 누구인가요?

стул [스**뚤**] 의자	**сын** [**씐**] 아들
букéт [부**꼐**뜨] 꽃다발	**бáбушка** [**바**부슈까] 할머니
дéрево [**졔**례바] 나무	**собáка** [싸**바**까] 강아지

오늘의 학습 내용

1 한국어 vs 러시아어 의문문 구조 비교

'이것은 무엇이니?'라는 의문문에서도 '~이다' 동사가 없으므로, '이것'과 '무엇' 두 단어만으로도 문장이 만들어집니다.

한국어 이것은 무엇이니?

▼

러시아어 이것은 무엇~~이니~~?

2 한국어 vs 러시아어 의문문 순서 비교

의문사가 있는 의문문에서는 보통 의문사를 문장의 맨 앞에 둡니다.

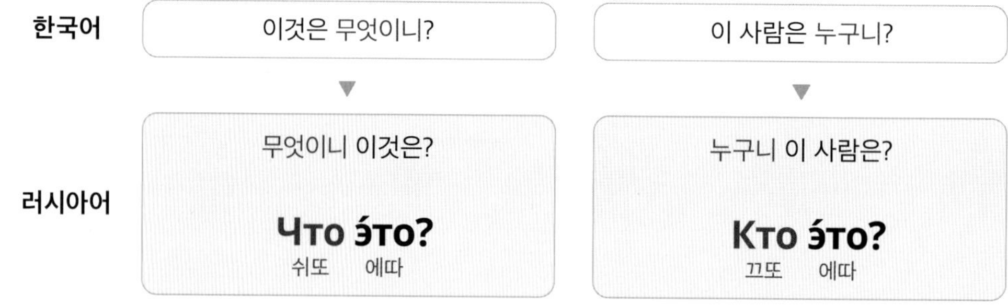

1) ЧТО 무엇

의문사 что는 사물이나 무생물, 식물 등 비활동체 명사에 관한 질문을 할 때 씁니다.

Что э́то? 쉬또 에따	**이것은 무엇입니까?**

Э́то стол. 이것은 책상입니다.
에따 스똘

Э́то стул. 이것은 의자입니다.
에따 스뚤

Э́то буке́т. 이것은 꽃다발입니다.
에따 부꼐ㄸ

Э́то де́рево. 이것은 나무입니다.
에따 졔례바

2) КТО 누구

의문사 кто는 사람이나 동물 등 활동체 명사에 관한 질문을 할 때 씁니다.

Кто э́то? 끄또 에따	**이 사람은 누구입니까?**

Э́то сын. 이 사람은 아들입니다.
에따 씐

Э́то ба́бушка. 이 사람은 할머니입니다.
에따 바부슈까

Э́то соба́ка. 이것은 개입니다.
에따 싸바까

Э́то кот. 이것은 고양이입니다.
에따 꼬ㄸ

Здрáвствуйте! Кто э́то?
즈드라스뜨부이쩨 끄또 에따
안녕하세요! 이 사람은 누구십니까?

Э́то Мáша. А кто э́то?
에따 마샤 아 끄또 에따
이 사람은 마샤입니다. 그러면 이 사람은 누구시죠?

추가 단어 A [아] 그러면, 그런데

✔ 'Кто э́то?' 문장을 말할 때 이 문장에서 가장 중요한 단어인 의문사 'кто'를 강조하면서 점점 아래로 내려가는 억양을 꼭 살려서 읽어 주세요!

✔ 접속사 a는 '그런데, 반면에'라는 뜻으로 문장을 비교하거나 대조할 때 활용합니다. 또한 상대방에게 되묻거나 확인할 때 쓰이는 부가의문문에서 '그러면'이라는 의미로 자주 사용됩니다.

☆ 이것은 무엇인가요?

Что э́то?
쉬또 에따

☆ 이 사람은 누구인가요?

Кто э́то?
끄또 에따

Э́то кот?
에따 꼬ㄸ
이것은 고양이야?

Нет, э́то не кот.
녯 에따 니 꼬ㄸ
아니, 이것은 고양이가 아니야.

А кто э́то?
아 끄또 에따
그럼 이것은 무엇(누구)이야?

Э́то соба́ка.
에따 싸바까
이것은 강아지야.

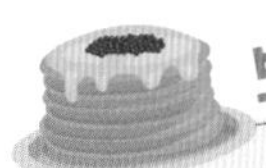

보너스 표현

안녕하세요! (아침인사, 영어의 Good morning!)

До́брое у́тро!
도브라예 우뜨라

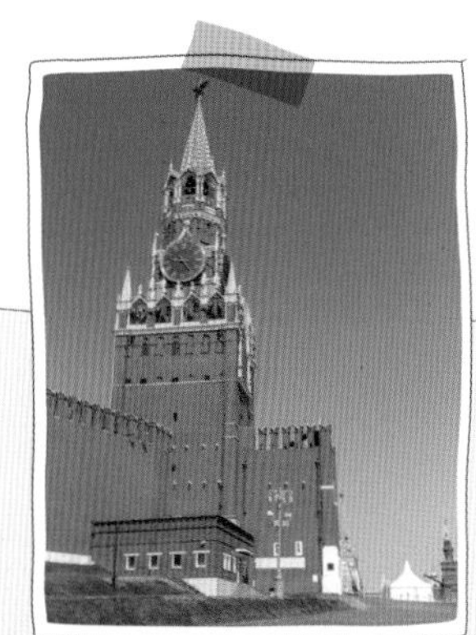

오늘의 연습문제

1 주어진 답이 나올 수 있는 질문을 만들어 보세요.

① **A :** ____________________________?

B : Э́то буке́т. (이것은 꽃다발입니다.)

② **A :** ____________________________?

B : Э́то ба́бушка. (이 사람은 할머니입니다.)

③ **A :** ____________________________?

B : Э́то де́рево. (이것은 나무입니다.)

2 다음 한국어 문장을 러시아어로 바꿔 보세요.

① 이 사람은 누구입니까?

▶ ____________________________

② 이 사람은 아들입니다.

▶ ____________________________

③ 그러면 이 사람들은 누구입니까?

▶ ____________________________

정답 p268

제시된 우리말을 참고하여, 낱말 퍼즐 안에 숨어있는 8가지 단어를 찾아 보세요.

д	р	у	г	ё	д	и	г	с	а
е	ж	г	я́	б	л	о	к	о	б
ё	б	з	в	м	е	п	й	к	ж
ф	а	л	ш	р	д	ж	а	н	л
к	н	й	д	ц	é	н	г	к	е
и	á	х	щ	ф	р	ý	к	т	ы
щ	н	з	м	п	е	л	в	м	п
д	ё	в	с	ю	в	ц	ё	д	н
ш	а	п	н	я	о	е	ж	а	й
б	у	к	é	т	к	с	т	у	л

❶ 과일	❺ 나무
❷ 바나나	❻ 꽃다발
❸ 사과	❼ 친구
❹ 의자	❽ 주스

정답 p.274

Урок 03

Ма́ша хоро́шая преподава́тельница.

마샤는 잘 나가는 강사래.

오늘의 주제

- 인칭대명사(나, 너, 우리 등) 배우기
- 직업과 신분 표현 나타내기

오늘의 미션

- ☑ 그녀는 배우다.
- ☑ 당신은 기자인가요?

MP3 바로 듣기

студе́нт(ка)
[스뚜**젠**뜨(까)]
대학생(남/여)

журнали́ст(ка)
[주르날**리**스뜨(까)]
기자(남/여)

актёр/актри́са
[악**쬬**르/악뜨**리**싸]
배우(남/여)

друзья́
[드루즈**야**]
친구들

бра́тья
[브**라**쯔야]
형제(들)

коре́йцы
[까**례**이찌]
한국인들

1 인칭대명사란?

- 주로 사람을 가리키는 대명사 (3인칭은 사물도 나타냄)
- 1인칭, 2인칭, 3인칭 / 단수와 복수 형태로 나뉨

2 인칭대명사의 종류

	단수형		복수형	
1인칭	**я** [야]	나	**мы** [믜]	우리
2인칭	**ты** [띄]	너	**вы** [븨]	너희, 당신(들)
3인칭	**он** [온]	그	**они́** [아니]	그들 (그, 그녀 포함)
	она́ [아나]	그녀		

주의 вы는 '너, 당신'을 포함하는 복수 형태인데, 존칭을 나타내는 '당신'의 의미로도 쓰입니다. 단, 이 경우에도 문법 변화는 복수 형태로 적용되어야 합니다.

3 직업과 신분 표현

Я студе́нт. — 나는 대학생입니다. (남자)
야 스뚜젠ㄸ

Я студе́нтка. — 나는 대학생입니다. (여자)
야 스뚜젠뜨까

Ты журнали́ст? — 너는 기자야? (청자가 남자)
띄 주르날리스ㄸ

Ты журнали́стка? — 너는 기자야? (청자가 여자)
띄 주르날리스뜨까

Он актёр.
온 악쬬르

그는 배우입니다.

Он врач.
온 브라ㅊ

그는 의사입니다.

Она́ актри́са.
아나 악뜨리싸

그녀는 배우입니다.

Она́ врач.
아나 브라ㅊ

그녀는 의사입니다.

Мы друзья́.
믜 드루즈야

우리는 친구들입니다.

Мы коре́йцы.
믜 까례이찌

우리는 한국인들입니다.

Вы врач?
븨 브라ㅊ

당신은 의사입니까?

Вы бра́тья?
븨 브라쯔야

너희는 형제들이니?

Они́ ру́сские.
아니 루스끼예

그들은 러시아인들입니다.

Они́ коре́йцы?
아니 까례이찌

그들은 한국인들입니까?

마샤쌤의 꿀팁 한 스푼

직업을 나타내는 명사 중에는 의사(врач)처럼 남자, 여자를 구분하지 않고 모두 사용할 수 있는 단어들도 있습니다.

예 профе́ссор [쁘라**폐**(f)싸ㄹ] 교수   по́вар [**뽀**바르] 요리사

Я студе́нт. Ты то́же студе́нтка?
야 스뚜젠ㄸ 띄 또줴 스뚜젠뜨까
나는 대학생이야. 너도 대학생이니?

Я не студе́нтка. Я врач.
야 니 스뚜젠뜨까 야 브라ㅊ
나는 대학생이 아니야. 나는 의사야.

추가 단어 то́же [또줴] ~도, 또한

✔ 영어 단어 뜻과 다르게 студе́нт는 '대학교를 다니는 학생'이라는 뜻입니다. 초, 중, 고등학교 학생은 다른 단어를 사용하므로 헷갈리지 마세요!

✔ '~도, 또한'이라는 의미인 то́же는 한국어 문장과 동일한 어순으로 넣어주면 됩니다.

☆ 그녀는 배우다.

Она́ актри́са.
아나 악뜨리싸

☆ 당신은 기자인가요?

Вы журнали́ст(ка)?
븨 주르날리스뜨(까)

Приве́т! Ты актёр?

쁘리볘ㄸ 띄 악쬬르

안녕! 너는 배우니?

Да, я актёр.

다 야 악쬬르

응, 나는 배우야.

Со́ня журнали́стка?

쏘냐 주르날리스뜨까

소냐는 기자니?

Нет, она́ по́вар.

녯 아나 뽀바르

아냐, 그녀는 요리사야.

안녕하세요! (점심인사, 영어의 Good afternoon!)

До́брый день!

도브릐이 젠

1 문장의 주어를 고려하여 보기 중 빈칸에 들어갈 수 없는 단어를 고르세요.

Ма́ша ______________.

Ⓐ врач　Ⓑ студе́нтка　Ⓒ актёр　Ⓓ журнали́стка

2 다음 한국어 문장을 러시아어로 바꿔 보세요.

① 너희는 친구들이니?

▶ ______________________________

② 우리는 러시아인이 아니다.

▶ ______________________________

③ 그도 기자다.

▶ ______________________________

3 한국어 뜻을 보고 적절한 인칭대명사를 넣어 표를 채우세요.

	단수형		복수형	
1인칭	나	①	우리	⑤
2인칭	너	②	너희, 당신(들)	⑥
3인칭	그	③	그들	⑦
	그녀	④		

정답 p.268

러시아 사람들의 인사 에티켓

러시아 사람들은 상황에 따라 다양한 방식으로 인사를 나누는데, 공식적이거나 비공식적인 자리에서 적절한 에티켓을 지키는 것이 중요해요. 러시아 사람들과 인사를 나눌 때 알아두면 좋은 몇 가지 에티켓을 배워 봐요.

1. 정중한 인사

공식적인 자리에서는 'Здравствуйте.'라는 인사를 사용해요. 이는 우리말의 '안녕하세요.'에 해당하는데, 존중의 의미가 담겨 있어 처음 만난 사람이나 직장에서 상사, 선생님 등에게 사용해요. 상대방이 친근한 사이이거나 나이가 비슷한 사람일 때는 더 가벼운 인사인 'Привет.'을 사용해요. 이는 '안녕'이라는 의미로 친구 사이나 가족, 사적으로 친밀한 관계에서 주로 사용됩니다.

2. 악수

러시아 사람들은 인사할 때 악수를 나누는 것이 일반적이에요. 남성들끼리는 악수를 할 때 손을 강하게 쥐는 편인데, 이는 신뢰와 존중의 표현으로 여겨집니다. 하지만 여성과의 악수는 상황에 따라 다를 수 있으며, 때로는 미소로 인사를 대신하는 경우도 있어요. 그리고 무엇보다 중요한 에티켓 중 하나는 실내에서 장갑을 낀 상태로는 절대 악수를 하지 않는 것이에요. 이는 무례한 행동으로 여겨지니까, 실내에 들어가기 전에는 장갑을 벗는 편이 좋아요.

3. 포옹과 볼키스

친한 사람들끼리 만날 때는 가벼운 포옹이나 볼키스를 나누는 경우가 있어요. 볼키스는 두세 번 정도 서로의 볼을 가볍게 대며 하는 것이 일반적이에요. 하지만 이는 친구나 가족 간에만 사용되고, 공식적인 자리에서는 하지 않아요.

4. 호칭

인사할 때 상대방의 이름과 부칭(아버지의 이름을 함께 부르는 공식 호칭)을 사용하는 것이 중요해요. 이는 상대방에 대한 존중을 표현하는 방식으로, 특히 직장이나 공식적인 자리에서 흔히 사용됩니다. 반면 친한 사이에서는 이름만 부르거나 짧은 애칭을 사용하기도 한답니다.

Урок 04

도대체 책상이 왜 남성일까?

오늘의 주제

• 명사의 문법적 성(性) 구분 (남성 / 여성 / 중성)

오늘의 미션

명사의 성(性) 맞춰보기

☑ 창문 (окнó)

☑ TV (телеви́зор)

☑ 전등 (лáмпа)

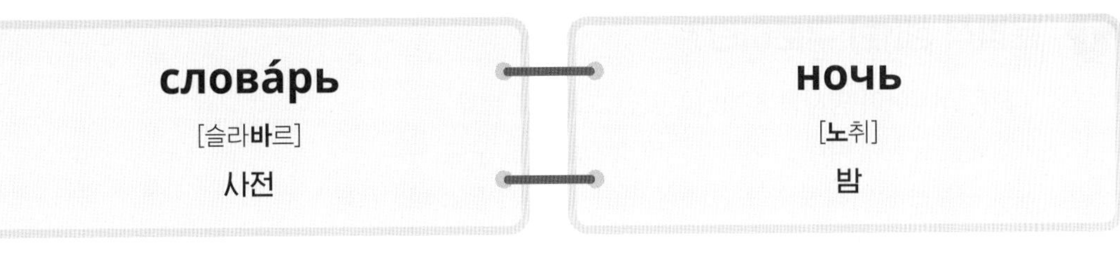

слова́рь
[슬라**바**르]
사전

ночь
[**노**취]
밤

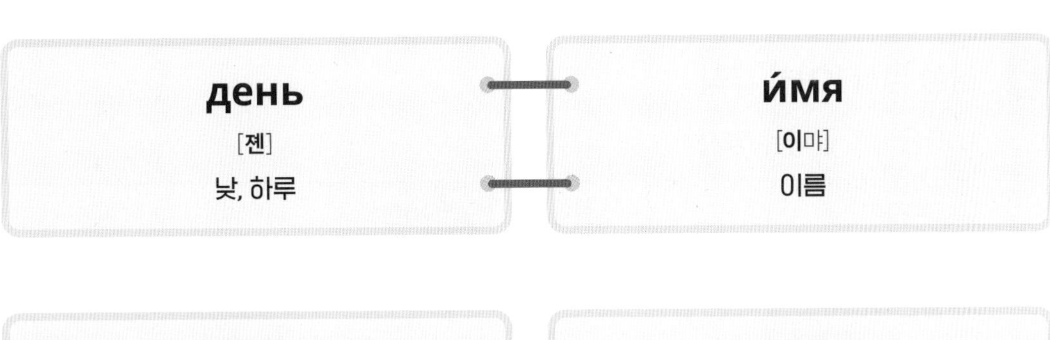

день
[**젠**]
낮, 하루

и́мя
[**이**먀]
이름

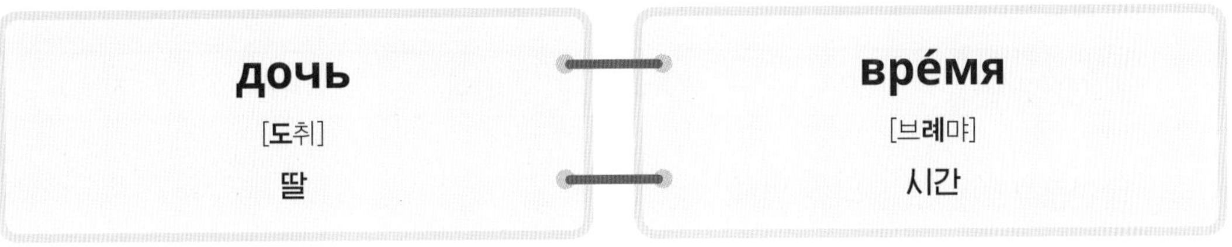

дочь
[**도**취]
딸

вре́мя
[브**레**먀]
시간

1 문법적 성(性) 구분이란?

- 모든 러시아어 명사를 3개(남/여/중) 그룹으로 분류
- 정해진 규칙에 따라 단어의 마지막 철자로 성을 구분
- 성 구분은 단어의 뜻과는 전혀 상관없는 오로지 문법적인 규칙!

2 남성 명사 (ОН) 규칙

1) 자음으로 끝나는 명사

стол	[스똘]	책상	бана́н	[바난]	바나나

2) 짧은 이(й)로 끝나는 명사

музе́й	[무제이]	박물관	чай	[촤이]	차(茶)

3) 연음부호(ь)로 끝나는 명사

слова́рь	[슬라바르]	사전	день	[젠]	낮, 하루

3 여성 명사 (ОНА́) 규칙

1) -а로 끝나는 명사

ва́за	[바자]	꽃병	ры́ба	[릐바]	생선

2) -я로 끝나는 명사

Коре́я	[까례야]	한국	пе́сня	[뻬쓰냐]	노래

3) 연음부호(ь)로 끝나는 명사

дочь	[도취]	딸	ночь	[노취]	밤

4 중성 명사 (OHÓ) 규칙

1) -o로 끝나는 명사

винó	[비노]	와인	лицó	[리쪼]	얼굴

2) -e로 끝나는 명사

мóре	[모례]	바다	кафé	[카페]	카페

3) -мя로 끝나는 명사 **(예외)**

ймя	[이먀]	이름	врéмя	[브례먀]	시간

5 명사의 문법적 성(性) 구분 규칙

남성 **(OH)**	여성 **(OHÁ)**	중성 **(OHÓ)**
자음	а	о
й	я	е
ь	ь	мя

마샤쌤의 꿀팁 한 스푼

ь로 끝나는 명사는 남성일 수도 있고, 여성일 수도 있습니다. 특별한 규칙은 없으므로 어휘를 익힐 때 반드시 구분해서 기억해야 합니다.

До́брое у́тро!
도브라예 우뜨라
좋은 아침입니다!

До́брое у́тро!
도브라예 우뜨라
좋은 아침입니다!

✔ 아침 인사 표현에서 'у́тро'는 '-о'로 끝나는 중성 명사입니다.

☆ 명사의 성(性) 맞혀보기

창문 (окно́)	TV (телеви́зор)	전등 (ла́мпа)
중성	남성	여성

Э́то стол, а э́то слова́рь.

에따 스똘 아 에따 슬라바르

이것은 책상이고, 이것은 사전이야.

Э́то вода́?

에따 바다

이것은 물이니?

Нет, э́то чай.

녯 에따 촤이

아니, 이것은 차야.

А, э́то вода́.

아 에따 바다

아, 이것이 물이구나.

보너스 표현

안녕하세요! (저녁인사, 영어의 Good evening!)

До́брый ве́чер!

도브릐이 볘체ㄹ

오늘의 연습문제

1 보기의 명사들을 문법적 성에 맞게 구분해 보세요.

보기
день | май | гитáра
эмóция | гóре | дéрево

남성 (ОН)	여성 (ОНÁ)	중성 (ОНÓ)

2 다음 중 여성 명사가 아닌 것을 고르세요.

Ⓐ ры́ба Ⓑ пéсня Ⓒ ночь Ⓓ и́мя

3 다음 중 명사의 성이 다른 하나를 고르세요.

Ⓐ лицó Ⓑ Корéя Ⓒ врéмя Ⓓ кафé

정답 p.268

아래 가로 세로 낱말 퀴즈를 풀어 보세요!

세로 열쇠	가로 열쇠
❶ 시간	❹ 바다
❷ 기자(남)	❺ 배우(여)
❸ 책	❽ 책상
❻ 강아지	
❼ 밤	

정답 p.274

Урок 05

Ты до́ма?

너 집이야?

오늘의 주제

- 의문사 '어디에'(где) 구문
- 장소를 나타내는 부사 배우기

오늘의 미션

☑ 마샤는 어디에 있니?

☑ 집에 (있어).

MP3 바로 듣기

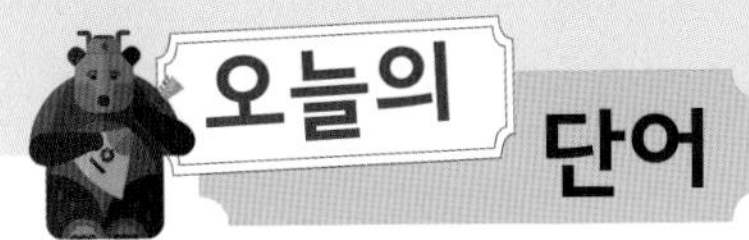

де́душка
[제두슈까]
할아버지

кни́га
[끄니가]
책

дива́н
[지반]
소파

Москва́
[마스끄바]
모스크바

карти́на
[까르찌나]
그림

Пеки́н
[삐낀]
베이징

1 где [그제]

'어디에'라는 의미를 가진 의문사로서 주로 장소나 위치를 물어볼 때 사용합니다.

2 한국어 vs 러시아어 의문문 비교

1) 구조 비교

'~있다' 동사가 없으므로, '너'와 '어디에' 두 단어만으로도 문장이 만들어집니다.

2) 순서 비교

의문사가 있는 의문문에서는 보통 의문사를 문장의 맨 앞에 둡니다.

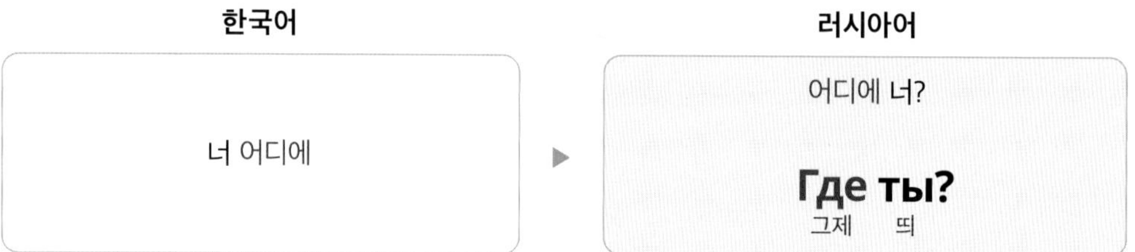

3 장소 부사

1) до́ма (집에)

Где Ива́н? 그제 이반	이반은 어디에 있니?
Он до́ма. 온 도마	그는(이반은) 집에 있어.
Где ба́бушка и де́душка? 그제 바부슈까 이 제두슈까	할머니와 할아버지는 어디에 계시니?
Они́ до́ма. 아니 도마	그들은(할머니와 할아버지는) 집에 계셔.

2) здесь (여기에)

Где дива́н?
그제 지반

소파는 어디에 있니?

Он здесь.
온 즈제스

소파는 여기에 있어.

3) там (저기에)

Где кни́га?
그제 끄니가

책은 어디에 있니?

Она́ там.
아나 땀

책은 저기에 있어.

4) далеко́ (멀리, 멀다)

Москва́ там.
마스끄바 땀

모스크바는 저기에 있다.

Она́(Э́то) далеко́.
아나(에따) 달리꼬

모스크바는 멀다(멀리 있다).

5) бли́зко (가까이, 가깝다)

Пеки́н здесь.
삐낀 즈제스

베이징은 여기에 있다.

Он(Э́то) бли́зко.
온(에따) 블리스까

베이징은 가깝다(가까이 있다).

러시아어는 한국어와 달리 대명사를 자주 사용합니다. 문장에서 한 번 언급한 이후에는 남성 명사를 대신해서 он, 여성 명사는 она́, 중성 명사는 оно́로 표현합니다. 또한 이 3인칭 대명사는 사람뿐만 아니라 사물도 가리킬 수 있습니다.

Банк там. А где шко́ла?

반끄 땀 아 그제 슈꼴라

은행은 저기에 있네. 그러면 학교는 어디에 있니?

Она́ здесь. (Э́то) бли́зко.

아나 즈제스 에따 블리스까

학교는 여기에 있어. 가까워.

✔ 한국어 어순에 맞춰서 쉽게 문장을 만들 수 있습니다.

예 은행이 저기에 있네. ➡ Банк там.
저기에 은행이 있네. ➡ Там банк.

✔ 'банк, шко́ла'는 영어 단어와 유사한 발음이 납니다. '반끄'가 아닌 '뱅크'로, '슈꼴라'가 아닌 '스콜라'로 발음하지 않게 주의하세요!

☆ 마샤는 어디에 있니?

Где Ма́ша?

그제 마샤

☆ 집에 (있어).

Она́ до́ма.

아나 도마

До́брый день! Ты до́ма?
도브릐이 젠 띄 도마

안녕! 너 집이야?

Да, я до́ма.
다 야 도마

응, 나 집이야.

А Ива́н то́же до́ма?
아 이반 또줴 도마

그러면 이반도 집에 있니?

Да, он то́же (до́ма).
다 온 또줴 도마

응, 그(이반)도 집에 있어.

안녕히 가세요! 다음에 봅시다!

До свида́ния!
다 스비**다**니야

1 괄호 안에 주어진 단어를 사용하여 다음 질문에 답하세요.

❶ Где ба́бушка? [до́ма]

▶ ______________________

❷ Где Пеки́н? [бли́зко]

▶ ______________________

❸ Где вы? [здесь]

▶ ______________________

2 다음 한국어 문장을 러시아어로 바꿔 보세요.

❶ 모스크바는 멀다.

▶ ______________________

❷ 소파는 어디에 있니?

▶ ______________________

❸ 그림은 저기에 있다.

▶ ______________________

정답 p.268

러시아 제국의 초대 황제, 표트르 대제

표트르 대제는 러시아 역사에서 가장 중요한 군주 중 한 명이에요. 그는 1682년부터 러시아를 통치하면서 유럽의 최신 기술과 문화를 러시아에 도입해, 러시아를 근대 국가로 만드는 데에 큰 기여를 했습니다.

표트르 대제의 가장 유명한 업적 중 하나는 바로 상트페테르부르크 건설입니다. 그는 스웨덴과의 북방 전쟁에서 승리한 후 발트해 연안에 새로운 수도를 세웠어요. 늪지대였던 이곳을 유럽 스타일의 도시로 탈바꿈시켜 아름다운 도시로 발전시켰습니다. 그리고 이곳에서 러시아는 서구와의 교류를 본격화하며, 유럽 강대국들과 어깨를 나란히 하기 시작했어요.

표트르 대제가 남긴 유산은 러시아 전역에 퍼져 있지만, 그가 이끌어낸 러시아의 서구화와 근대화의 흔적은 상트페테르부르크에서 특히 두드러집니다. 상트페테르부르크에서 표트르 대제의 흔적을 찾아볼 수 있는 곳을 몇 군데 알아볼까요?

1. 페테르고프 궁전(Петерго́ф)

러시아의 베르사유로 불리는 이 궁전은 표트르 대제가 상트페테르부르크에 만든 호화로운 여름 궁전이에요. 아름다운 분수와 정원이 가득한 이곳은 그의 사치스러운 취향을 엿볼 수 있는 대표적인 문화 유산이죠. 지금도 러시아를 대표하는 관광지 중 하나랍니다.

2. 크론슈타트 요새(Кроншта́дт)

발트해의 중요한 해상 방어 요새인 크론슈타트는 표트르 대제가 건설한 군사적 유산이에요. 그는 러시아의 해군력을 강화하려고 이 요새를 세웠는데, 오늘날까지도 그 위용을 자랑하고 있답니다.

3. 표트르 대제 동상

상트페테르부르크 중심부에 있는 이 동상은 표트르 대제가 말을 타고 도시를 바라보는 모습으로, 이 도시의 상징 중 하나입니다. 표트르 대제가 건설한 도시를 영원히 지켜보는 듯한 이 동상은 관광객들이 꼭 방문하는 곳이에요.

Урок 06

복습

Урок 01~05 복습하기

오늘의 주제

- 1 ~ 5강 내용 복습 & 말하기 연습
- 실전 테스트

오늘의 복습 내용

Урок 01
- ☑ ЭТО 구문
- ☑ 의문사 없는 의문문
- ☑ 긍정문/부정문

Э́то дом.
에따 돔
이것은 집이다.

Э́то Ма́ша.
에따 마샤
이 사람은 마샤다.

Э́то фру́кты.
에따 프(f)룩띄
이것(들)은 과일이다.

Э́то бана́н?
에따 바난
이것은 바나나니?

Да, э́то бана́н.
다 에따 바난
응, 이것은 바나나야.

Урок 02
- ☑ 의문사 있는 의문문
- ☑ 의문사 '무엇'(что)과 '누구'(кто) 구문

Что э́то?
쉬또 에따
이것은 무엇입니까?

Э́то де́рево.
에따 제례바
이것은 나무입니다.

Кто э́то?
끄또 에따

Э́то сын.
에따 씐

이 사람은 누구입니까?

이 사람은 아들입니다.

Урок 03

- ☑ 인칭대명사
- ☑ 직업과 신분 표현

Я врач.
야 브라취

나는 의사입니다.

Ты актри́са?
띄 악뜨리싸

너는 배우니?

Он студе́нт.
온 스뚜젠뜨

그는 대학생이다.

Она́ журнали́стка.
아나 주르날리스뜨까

그녀는 기자입니다.

Мы бра́тья.
믜 브라쯔야

우리는 형제다.

Вы актёр?
븨 악쬬르

당신은 배우입니까?

Они́ друзья́.
아니 드루즈야

그들은 친구다.

Урок 04 ☑ 명사의 문법적 성(性) 구분

남성 (он)	여성 (онá)	중성 (онó)
자음	а	о
й	я	е
ь	ь	мя

남성 명사 (он)		여성 명사 (онá)		중성 명사 (онó)	
자음 л	стол 스똘 책상	모음 а	ры́ба 리바 생선	모음 о	винó 비노 와인
짧은 이 й	чай 좌이 차(茶)	모음 я	Корéя 까례야 한국	모음 е	мóре 모례 바다
연음부호 ь	день 젠 낮, 하루	연음부호 ь	ночь 노취 밤	-мя	врéмя 브례먀 시간

Урок 05

- ☑ 의문사 '어디에'(где) 구문
- ☑ 장소를 나타내는 부사

Где вы? 당신은 어디에 있나요?
그제 븨

Я до́ма. 저는 집이에요.
야 도마

Где кни́га? 책 어딨어?
그제 끄니가

(Она́) там. 저기에 있어.
아나 땀

Где стул? 의자는 어딨어?
그제 스뚤

(Он) здесь. 여기에 있어.
온 즈제스

Москва́ далеко́. 모스크바는 멀어.
마스끄바 달리꼬

Пеки́н бли́зко. 베이징은 가까워.
삐낀 블리스까

보너스 표현

안녕하세요!

Здра́вствуйте!

즈드**라**스뜨부이쩨

안녕하세요! (아침인사)

До́брое у́тро!

도브라예 **우**뜨라

안녕하세요! (점심인사)

До́брый день!

도브릐이 **젠**

안녕하세요! (저녁인사)

До́брый ве́чер!

도브릐이 **볘**체ㄹ

안녕히 가세요! 다음에 봅시다!

До свида́ния!

다 스비**다**니야

실전 TEST

1 음성을 듣고 일치하는 단어를 보기에서 고르세요. MP3

① Ⓐ брат Ⓑ букéт Ⓒ собáка Ⓓ чай

② Ⓐ друг Ⓑ водá Ⓒ студéнт Ⓓ кни́га

③ Ⓐ лицó Ⓑ стол Ⓒ актри́са Ⓓ дéрево

2 다음 러시아어 문장의 우리말 뜻을 적어 보세요.

① Э́то фру́кты.

▶ ______________________________

② Э́то дéрево.

▶ ______________________________

③ Они́ друзья́.

▶ ______________________________

④ Москвá далекó.

▶ ______________________________

정답 p.268

3 제시된 우리말을 참고하여 다음 대화문을 완성해 보세요.

❶

Ⓐ ______________________________? А где шко́ла?

은행은 저기에 있네. 그러면 학교는 어디에 있니?

Она́ здесь. (Э́то) Ⓑ ______________________________.

학교는 여기에 있어. 가까워.

❷

Ⓐ ______________________________?

이것은 고양이야?

Нет, Ⓑ ______________________________.

아니, 이것은 고양이가 아니야.

Ⓒ ______________________________?

그럼 이것은 무엇(누구)이야?

Ⓓ ______________________________.

이것은 강아지야.

Урок 07

Он мой лу́чший друг.

그는 내 베프야.

오늘의 주제

- 소유대명사 개념
- '나의', '너의' 문법적 성(性) 구분

오늘의 미션

☑ 이거 네 우산이니?

☑ 아니, 내 거 아냐.

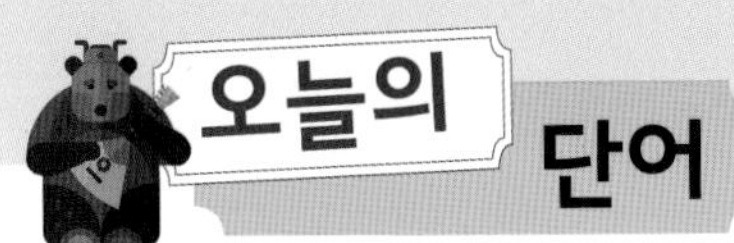
오늘의
단어

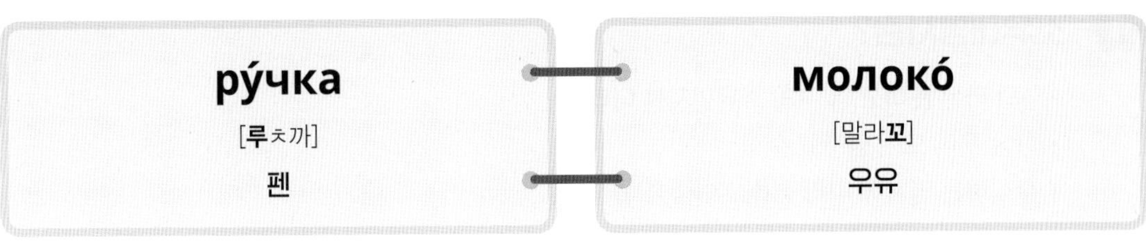
ру́чка
[루ㅊ까]
펜
молоко́
[말라꼬]
우유

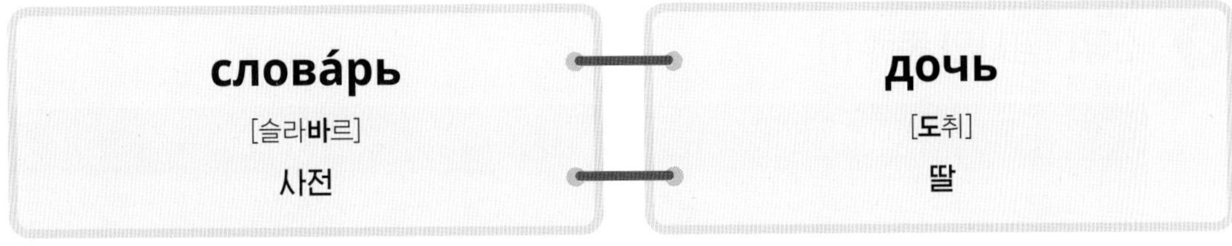
слова́рь
[슬라바르]
사전
дочь
[도취]
딸

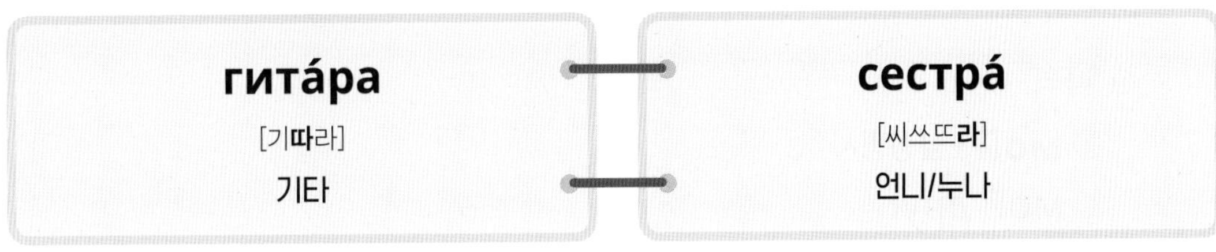
гита́ра
[기따라]
기타
сестра́
[씨쓰뜨라]
언니/누나

1 소유대명사란?

- '~의'라는 뜻이고, 누구의 소유인지를 나타냄
- 항상 뒤에 오는 명사를 수식
- 수식하는 명사에 따라 성(남/여/중성)을 구분

2 소유대명사의 종류 (1)

나의(my)			너의(your)		
남성	여성	중성	남성	여성	중성
мой	моя́	моё	твой	твоя́	твоё

1) '나의'

① мой + 남성명사

мой друг
모이 드루ㄱ

내 친구

Ива́н мой друг.
이반 모이 드루ㄱ

이반은 내 친구야.

② моя́ + 여성명사

моя́ ру́чка
마야 루ㅊ까

내 펜

Где моя́ ру́чка?
그제 마야 루ㅊ까

내 펜 어딨지?

③ моё + 중성명사

моё и́мя
마요 이먀

내 이름

Э́то моё и́мя.
에따 마요 이먀

이것이 내 이름이야.

2) '너의'

① твой + 남성명사

твой слова́рь — 너의 사전
뜨보이 슬라바ㄹ

Твой слова́рь здесь. — 네 사전 여기 있어.
뜨보이 슬라바ㄹ 즈제스

② твоя́ + 여성명사

твоя́ дочь — 너의 딸
뜨바야 도취

Твоя́ дочь до́ма? — 네 딸은 집에 있니?
뜨바야 도취 도마

③ твоё + 중성명사

твоё молоко́ — 네 우유
뜨바요 말라꼬

Твоё молоко́ там. — 네 우유는 저기에 있다.
뜨바요 말라꼬 땀

오늘의 핵심 표현

Э́то моя́ гита́ра. Где твоя́ гита́ра?
에따 마야 기따라 그제 뜨바야 기따라
이건 내 기타야. 네 기타는 어디 있니?

Она́ (моя́ гита́ра) до́ма.
아나 마야 기따라 도마
내 기타는 집에 있어.

핵심 포인트

✔ 러시아어는 동일한 단어를 반복적으로 사용하지 않고, 생략하는 경우가 종종 있습니다. 'Где твоя́ гита́ра?' 문장에서 гита́ра를 생략하고, 'Где твоя́?'라고 물어봐도 됩니다.

✔ гита́ра(기타)는 영어 단어와 유사해서 발음을 실수하기 쉬운 단어입니다. '-а'로 끝나는 여성 명사라는 것을 꼭 기억해 주세요!

미션 클리어

☆ 이거 네 우산이니?
Э́то твой зонт?
에따 뜨보이 존ㄸ

☆ 아니, 내 거 아냐.
Нет, э́то не мой (зонт).
녯 에따 니 모이 존ㄸ

Kто э́то?

끄또 에따

이 사람은 누구야?

Э́то моя́ сестра́.

에따 마야 씨쓰뜨라

이 사람은 나의 누나야.

Где твой кот?

그제 뜨보이 꼬뜨

너의 고양이는 어디에 있니?

Мой кот там.

모이 꼬뜨 땀

나의 고양이는 저기에 있어.

만나서 반갑습니다!

Óчень прия́тно!

오췬 쁘리야뜨나

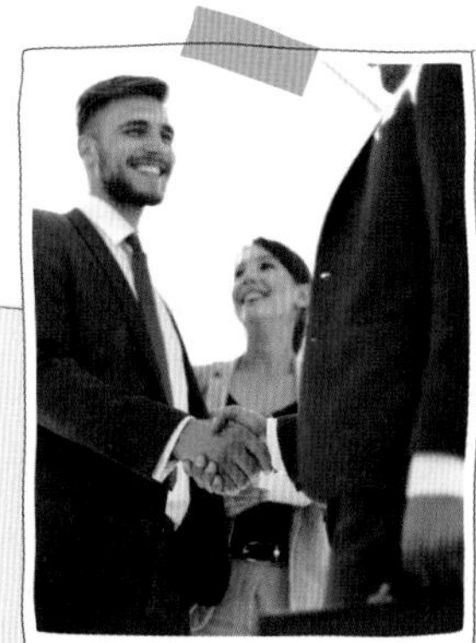

오늘의 연습문제

1 주어진 답이 나올 수 있는 질문을 만들어 보세요.

① **A :** ______________________________________?

B : Да, э́то моё я́блоко. (응, 이건 내 사과야.)

② **A :** ______________________________________?

B : Мой брат до́ма. (나의 형은 집에 있어.)

③ **A :** ______________________________________?

B : Нет, э́то не моя́ (кни́га). (아니, 이거 내 책 아냐.)

2 다음 각 문장에서 틀린 부분을 찾아 고쳐 보세요.

① Твоя́ слова́рь здесь. (네 사전은 여기에 있어.)

▶ ______________________________________

② Где твой гита́ра? (네 기타는 어디에 있니?)

▶ ______________________________________

③ Э́то не моя́ и́мя. (이건 내 이름이 아니야.)

▶ ______________________________________

정답 p.268

북유럽의 베네치아, 상트페테르부르크

상트페테르부르크Санкт-Петербург는 러시아 제국의 옛 수도로, 수많은 섬과 운하들이 300여 개의 다리로 연결된 도시입니다. 그래서 '러시아의 베네치아, 북쪽의 베네치아'라는 별명을 가지고 있죠.

도시의 상징적인 네바Нева 강을 따라 산책하다 보면, 웅장한 건축물들과 역사적인 장소들이 펼쳐지는 광경을 만날 수 있어요. 특히 에르미타주 미술관Государственный Эрмитаж의 거대한 규모와 풍부한 예술 컬렉션은 예술 애호가들에게 환상적인 경험을 선사하며, 피의 사원Храм Спаса на Крови의 화려한 모자이크는 도시의 독특한 분위기를 잘 보여줍니다.

또한, 성 이삭 대성당Исаакиевский собор과 페트로파블로프스크 요새Петропавловская крепость는 과거 러시아 제국의 유산을 느낄 수 있는 역사적인 장소예요. 대성당의 거대한 돔과 요새의 매력적인 풍경은 많은 관광객들의 눈길을 사로잡습니다.

상트페테르부르크의 매력 중 하나는 '여름 궁전'이라고 불리는 페테르고프 궁전Большой петергофский дворец에서의 여유로운 산책입니다. 이곳은 러시아 제국의 황제들이 여름을 보내던 궁전으로, 아름다운 분수가 가득한 정원으로 유명해요. 이곳에 있는 박물관에서는 러시아 황실의 사적인 공간을 관람할 수 있어요.

하지만 상트페테르부르크의 진정한 하이라이트는 러시아 오페라와 발레의 본고장인 마린스키 극장Мариинский театр을 방문하는 거겠죠? 세계적인 공연과 전통적인 러시아 발레를 감상하는 것은 이 도시에서의 특별한 경험을 더욱 풍부하게 만들어 줄 거예요!

상트페테르부르크 여행 

에르미타주 미술관, 피의 사원, 마린스키 극장 등 인기 있는 관광지는 미리 온라인으로 티켓을 구매하는 것이 좋아요. 특히 여행 성수기인 여름 시즌(6~8월)에는 관광객이 많아 티켓이 매진될 수 있으니, 관광지를 방문하기 전 미리 준비해 두세요.

Урок 08

Моя́ кни́га спра́ва?

오른쪽에 내 책 있니?

오늘의 주제

- 장소를 나타내는 부사 표현 (2)
- 소유대명사 복습

오늘의 미션

☑ 오른쪽에 내 사과가 있어.

☑ 아냐, 네 거 왼쪽에 있어.

компью́тер
[깜**쀼**떼ㄹ]
컴퓨터

каранда́ш
[까란**다**쉬]
연필

вокза́л
[바그**잘**]
기차역

шко́ла
[슈**꼴**라]
학교

метро́
[미뜨**로**]
지하철

ла́мпа
[**람**빠]
전등

오늘의 학습 내용

1 장소 부사

1) сле́ва (왼쪽에)

Где ла́мпа? 전등은 어디에 있니?
그제 람빠

(Она́) сле́ва. 왼쪽에 있어.
아나 슬례바

Мой компью́тер сле́ва. 내 컴퓨터는 왼쪽에 있다.
모이 깜쀼떼ㄹ 슬례바

2) спра́ва (오른쪽에)

Где кни́га? 책은 어디에 있니?
그제 끄니가

(Она́) спра́ва. 오른쪽에 있어.
아나 스쁘라바

Твой каранда́ш спра́ва. 네 연필은 오른쪽에 있다.
뜨보이 까란다쉬 스쁘라바

2 소유대명사와 장소 부사 활용

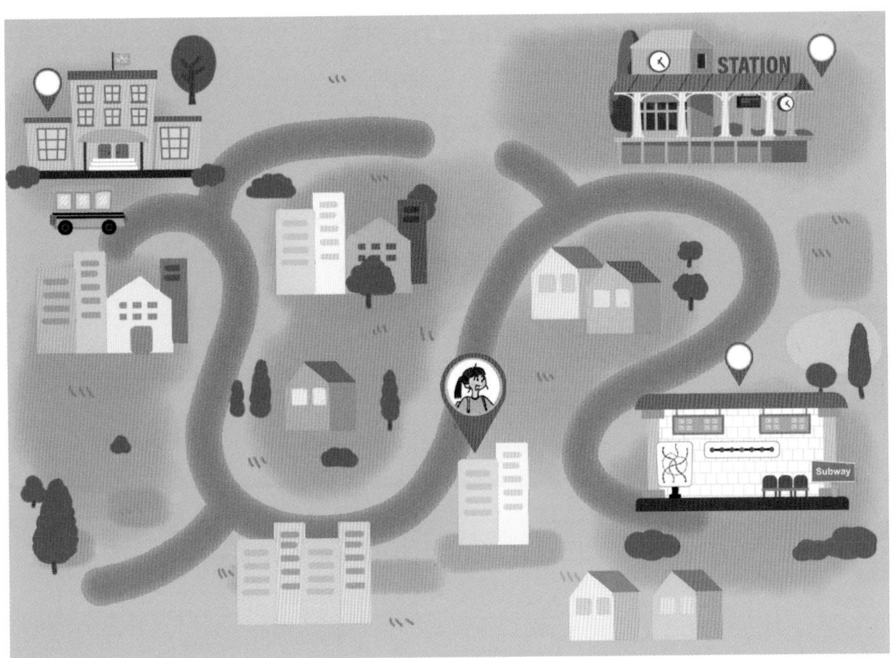

Моя́ шко́ла сле́ва. 마야 슈꼴라 슬례바	나의 학교는 왼쪽에 있다.
Она́ далеко́. 아나 달리꼬	학교는 멀다.
Метро́ спра́ва. 미뜨로 스쁘라바	지하철은 오른쪽에 있다.
(Э́то) бли́зко. 에따 블리스까	(지하철은) 가깝다.
Где вокза́л? Бли́зко? 그제 바그잘 블리스까	기차역은 어디에 있니? 가까워?
Нет, не бли́зко. Он спра́ва. 녯 니 블리스까 온 스쁘라바	아니, 안 가까워. 오른쪽에 있어.

Мой телефóн слéва.
모이 찔리폰 슬레바

Где твой телефóн?
그제 뜨보이 찔리폰

내 폰은 왼쪽에 있어. 네 폰은 어디에 있니?

Навéрно, он там.
나볘르나 온 땀

아마 저기에 있을 거야.

추가 단어 телефóн [찔리폰] 전화기, 핸드폰 | навéрно [나볘르나] 아마도

✓ 정확히 말하면 핸드폰은 'моби́льный телефóн(모바일 전화기)'이지만, 일상 회화에서는 간단하게 'телефóн'으로 사용합니다.

☆ 오른쪽에 내 사과가 있어.

Спрáва моё я́блоко.
스쁘라바 마요 야블라까

☆ 아냐, 네 거 왼쪽에 있어.

Нет, твоё (я́блоко) слéва.
녯 뜨바요 야블라까 슬레바

오늘의 실전 회화

Э́то твоя́ семья́. Где твой сын?
에따 뜨바야 씨먀 그제 뜨보이 씐
이게 너의 가족이구나. 너의 아들은 어디에 있니?

Мой сын? Он спра́ва.
모이 씐 온 쓰쁘라바
내 아들? 오른쪽에 있어.

А где твоя́ дочь?
아 그제 뜨바야 도취
그럼 너의 딸은 (어디에 있어)?

Вот она́ сле́ва.
봇 아나 슬례바
바로 여기 왼쪽에 있어.

추가 단어

семья́ [씨먀] 가족
вот [봇] 바로, 바로 여기

보너스 표현

안녕히 주무세요! 잘 자!

Споко́йной но́чи!
스빠꼬이나이 노취

1 괄호 안에 주어진 단어를 사용하여 다음 질문에 답하세요.

❶ Где твой компьютер? [дóма]

▶ ______________________________

❷ Где Мáша? [спрáва]

▶ ______________________________

❸ Где молокó? [слéва]

▶ ______________________________

2 다음 한국어 문장을 러시아어로 바꿔 보세요.

❶ 너의 펜은 오른쪽에 있다.

▶ ______________________________

❷ 내 연필이 어디에 있지?

▶ ______________________________

❸ 지하철은 가깝다.

▶ ______________________________

정답 p.269

제시된 우리말을 참고하여, 낱말 퍼즐 안에 숨어있는 8가지 단어를 찾아 보세요.

ш	ы	т	и	м	е	т	р	ó	ч
к	ё	д	у	л	о	й	ы	м	г
ó	с	é	а	б	т	г	д	щ	и
л	й	д	и	в	á	н	п	з	т
а	х	у	к	ф	ж	и	в	г	á
м	щ	ш	з	о	й	ю	н	ц	р
т	ж	к	б	н	р	ý	ч	к	а
п	д	а	в	ц	х	ё	р	с	ф
ч	з	х	с	м	с	е	м	ь	я́
к	о	м	п	ь	ю́	т	е	р	ю

❶ 소파	❺ 할아버지
❷ 펜	❻ 기타
❸ 컴퓨터	❼ 학교
❹ 가족	❽ 지하철

정답 p.274

Урок 09

Когда́ мы встре́тимся?

우리 언제 볼래?

오늘의 주제

- 의문사 '언제'(когда́) 구문
- 시간을 나타내는 부사 표현

오늘의 미션

☑ 네 경기는 낮에 있니?

☑ 아니, 밤에 있어.

MP3 바로 듣기

오늘의
단어

уро́к
[우록]
수업
всегда́
[f씨그다]
항상
экза́мен
[에그자멘]
시험
игра́
[이그라]
경기, 게임
алло́
[알로]
여보세요
сейча́с
[씨촤ㅆ]
지금

오늘의 학습 내용

1 когдá [까그다]

'언제'라는 의미를 가진 의문사로서 시간이나 때를 물어보는 경우에 사용합니다.

2 한국어 vs 러시아어 의문문 순서 비교

의문사가 있는 의문문에서는 보통 의문사를 문장의 맨 앞에 둡니다.

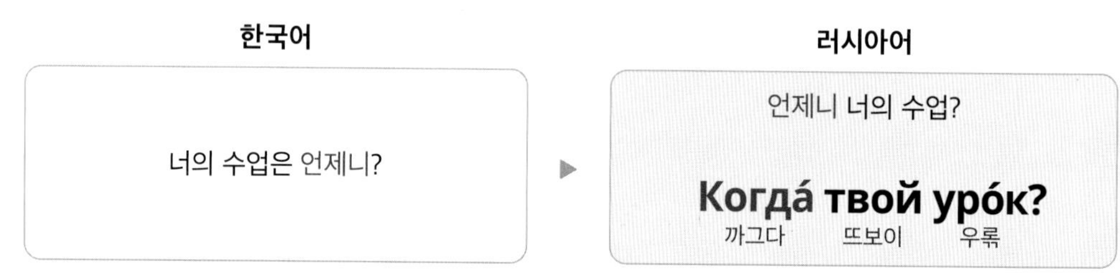

3 시간 부사

1) ýтром (아침에)

Когдá твой урóк? — 너의 수업은 언제니?
까그다 뜨보이 우록

Мой урóк ýтром. — 내 수업은 아침에 있어.
모이 우록 우뜨람

2) днём (낮에)

Твой экзáмен ýтром? — 너의 시험은 아침이니?
뜨보이 에그자멘 우뜨람

Нет, мой экзáмен днём. — 아니, 니의 시험은 낮이야.
녯 모이 에그자멘 드뇸

Днём я всегдá дóма. — 낮에 나는 항상 집에 있다.
드뇸 야 f씨그다 도마

3) ве́чером (저녁에)

Когда́ твоя́ игра́?
까그다 뜨바야 이그라

너의 경기는 언제니?

Моя́ игра́ днём и ве́чером.
마야 이그라 드뇸 이 볘쳬람

나의 경기는 낮과 저녁에 있어.

Ве́чером то́же вы здесь?
볘쳬람 또줴 븨 즈제스

저녁에도 당신은 여기 있나요?

4) но́чью (밤에)

Когда́ он до́ма?
까그다 온 도마

그는 언제 집에 있니?

Он до́ма но́чью.
온 도마 노츄

그는 밤에 집에 있어.

Кто там но́чью?
끄또 땀 노츄

밤에는 거기에 누가 있나요?

오늘의 핵심 표현

Добрый день! Когда́ вы до́ма?
도브릐이 젠 까그다 븨 도마

안녕! (점심 인사) 너희는 언제 집에 있니?

До́брый день! Мы всегда́ до́ма у́тром.
도브릐이 젠 믜 f씨그다 도마 우뜨람

안녕! (점심 인사) 우리는 항상 아침에 집에 있어.

✓ 아침 인사인 'До́брое у́тро!(좋은 아침)'에 있는 у́тро와 у́тром을 헷갈리지 않도록 주의하세요! У́тро는 '아침'이라는 뜻의 중성 명사이고, у́тром은 '아침에'라는 뜻의 시간 부사입니다.

☆ 네 경기는 낮에 있니?

Твоя́ игра́ днём?
뜨바야 이그라 드뇸

☆ 아니, 밤에 있어.

Нет, (моя́ игра́) но́чью.
녯 마야 이그라 노츄

Алло́! Где ты?
알로 그제 띄
여보세요! 너 어디야?

Сейча́с я до́ма.
씨촤ㅆ 야 도마
지금 나 집이야.

Когда́ твой уро́к?
까그다 뜨보이 우록
너의 수업은 언제니?

Мой уро́к днём.
모이 우록 드뇸
나의 수업은 점심에 있어.

맛있게 드세요!

Прия́тного аппети́та!
쁘리**야**뜨나바 아뻬**찌**따

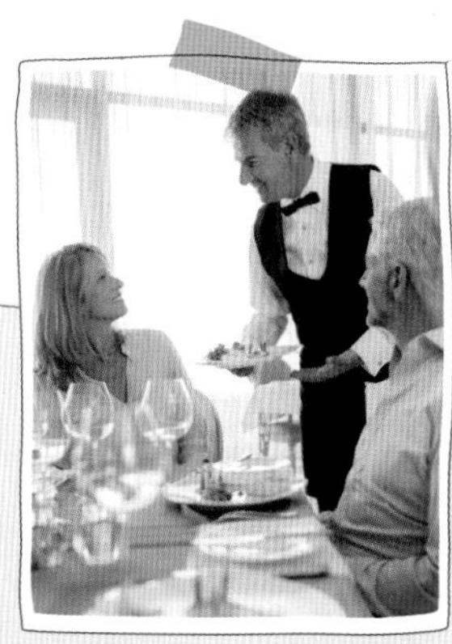

오늘의 연습문제

1 다음 주어진 단어를 조합하여 각 문장을 만들어 보세요.

보기

но́чью | твой | всегда́ | игра́ | я

у́тром | экза́мен | ве́чером | до́ма | моя́

① 나는 항상 밤에 집에 있다.

▶ ______________________________

② 너의 시험은 아침에 있니?

▶ ______________________________

③ 나의 경기는 저녁에 있다.

▶ ______________________________

2 질문에 맞는 적절한 대답을 찾아 연결해 보세요.

① Что э́то? • • ⓐ Она́ здесь.

② Где твоя́ ру́чка? • • ⓑ Э́то слова́рь.

③ Когда́ твой уро́к? • • ⓒ Он днём.

정답 p.269

러시아인들의 '만남의 장소'

여러분들은 친구들과 약속을 잡을 때 어떤 장소를 선호하시나요? 아마 유명한 공공장소나 지하철 역 근처에서 만나는 경우가 많을 텐데요, 러시아 사람들도 마찬가지로 약속을 잡을 때 지하철역이나 광장 같은 유명한 공공장소를 자주 선택해요.

1. 지하철역

러시아인들에게 지하철역에서의 약속은 정말 일상적인 일이에요. 전 세계 어디서나 지하철역이 약속 장소로 많이 쓰이지만, 러시아에서는 그 의미가 조금 더 특별하답니다. 러시아 지하철역은 그 화려한 건축 양식 덕분에 '지하 궁전'이라 불릴 만큼 웅장하고 아름다워요. 아름다운 내부와 편리한 접근성 때문에 많은 러시아인들이 지하철역의 중앙 홀이나 멋진 대리석 벽, 기둥 앞에서 만나는 것을 선호해요.

2. 대표적인 관광지나 공공장소

붉은 광장이나 공원 같은 도시의 대표적인 관광지에서 만나는 경우도 자주 있어요. 붉은 광장은 모스크바를 상징하는 장소로, 크렘린 궁과 성 바실리 대성당 같은 역사적인 명소들이 바로 옆에 있어 사람들이 많이 찾는 곳이에요. 이곳은 또한 많은 행사와 축제가 열리는 장소로도 유명해, 친구나 가족과 만나기 좋은 장소로 많이 이용되죠. 도심 속 공원도 마찬가지로 넓고 쾌적한 공간을 제공하기 때문에, 야외에서의 만남을 원하는 사람들에게 인기가 많아요. 이런 장소들은 찾기 쉽고, 그 자체로도 상징적인 의미가 있어 약속 장소로 자주 이용됩니다.

3. 계절에 따른 약속 장소

러시아의 겨울은 정말 춥고 길기 때문에, 겨울철에는 실내에서 약속을 잡는 경우가 많아요. 카페, 레스토랑, 쇼핑몰 같은 실내 공간이 겨울철 약속 장소로 많이 사용되는 편이죠. 반면, 여름철에는 기온이 올라가면서 공원이나 야외 카페에서 만나는 경우가 많아요. 여름에는 날씨가 좋고 자연을 즐길 수 있는 곳에서 만나며, 도시 밖으로 나가 자연 속에서 시간을 보내는 약속도 많이 이루어진답니다.

Урок 10

На́ша страна́ са́мая лу́чшая!

우리 나라가 최고야!

오늘의 주제

• 소유대명사 '우리의', '당신의' 문법적 성(性) 구분

오늘의 미션

☑ 너희 집은 어디야?

☑ 우리 집은 멀어.

страна́
[스뜨라**나**]
나라

Коре́я
[까**레**야]
한국

собра́ние
[싸브**라**니예]
회의

о́тпуск
[**오**뜨뿌스끄]
휴가

ро́дина
[**로**지나]
고향

зда́ние
[즈**다**니예]
건물

1 소유대명사의 종류 (2)

우리의(our)			너희의, 당신의(your)		
남성	여성	중성	남성	여성	중성
наш	нáша	нáше	ваш	вáша	вáше

1) '우리의'

① наш + 남성명사

наш кот — 우리 고양이
나쉬 꼬뜨

Наш кот дóма. — 우리 고양이는 집에 있다.
나쉬 꼬뜨 도마

② нáша + 여성명사

нáша странá — 우리나라
나샤 스뜨라나

нáша странá - Корéя. — 우리나라는 한국이다.
나샤 스뜨라나 까례야

③ нáше + 중성명사

нáше собрáние — 우리 회의
나쉐 사브라니예

Нáше собрáние ýтром. — 우리 회의는 아침에 있다.
나쉐 사브라니예 우뜨람

2) '너희의, 당신의'

① **ваш** +남성명사

ваш о́тпуск — 당신의 휴가
바쉬 오뜨뿌스ㄲ

Когда́ ваш о́тпуск? — 당신의 휴가는 언제인가요?
까그다 바쉬 오뜨뿌스ㄲ

② **ва́ша** +여성명사

ва́ша ро́дина — 당신의 고향
바샤 로지나

Где ва́ша ро́дина? — 당신의 고향은 어딘가요?
그제 바샤 로지나

③ **ва́ше** +중성명사

ва́ше зда́ние — 너희 건물
바쉐 즈다니예

Ва́ше зда́ние далеко́? — 너희 건물은 멀어?
바쉐 즈다니예 달리꼬

Дóброе ýтро! Когдá вáше собрáние?
도브라예 우뜨라 까그다 바쉐 싸브라니예
좋은 아침이야! 너희 회의는 언제니?

Дóброе ýтро! Нáше собрáние днём.
도브라예 우뜨라 나쉐 싸브라니예 드뇸
좋은 아침! 우리 회의는 낮에 있어.

✔ '우리 회의(Нáше собрáние)' 대신에 대명사 онó를 사용하여 간단한 문장으로 답할 수 있습니다.

예 Нáше собрáние днём. ➡ Онó днём.

☆ 너희 집은 어디야?

Где ваш дом?
그제 바쉬 돔

☆ 우리 집은 멀어.

Наш дом далекó.
나쉬 돔 달리꼬

А́нна Ива́новна! Где ваш дом?

안나 이바나브나 그제 바쉬 돔

안나 이바노브나씨! 당신의 집은 어디인가요?

Мой дом о́чень далеко́.

모이 돔 오췬 달리꼬

나의 집은 매우 멀어요.

А ва́ша рабо́та то́же далеко́?

아 바샤 라보따 또줴 달리꼬

그러면 당신의 직장도 먼가요?

Нет, она́ бли́зко.

녯 아나 블리스까

아뇨, 직장은 가까워요.

추가 단어

о́чень [오췬] 매우, 몹시

рабо́та [라보따] 직장, 일

좋은 여행 되세요!

Счастли́вого пути́!

쉬슬리바바 뿌찌

1 한국어 뜻을 보고 적절한 소유대명사를 넣어 표를 채우세요.

	남성	여성	중성
나의	мой	моя́	моё
너의	❶	твоя́	твоё
우리의	❷	на́ша	❸
너희의, 당신의	ваш	❹	ва́ше

2 다음 한국어 문장을 러시아어로 바꿔 보세요.

❶ 당신의 고향은 어디인가요?

▶ ______________________________

❷ 우리의 고양이는 왼쪽에 있다.

▶ ______________________________

정답 p.269

아래 가로 세로 낱말 퀴즈를 풀어 보세요!

세로 열쇠	가로 열쇠
❶ 나라	❸ 전등
❷ 전화기, 핸드폰	❻ 건물
❹ 시험	❼ 경기, 게임
❺ 항상	❽ 고향

정답 p.274

Урок 11

Чей э́то ко́фе?

이건 누구 커피니?

오늘의 주제

- 소유대명사 '그의', '그녀의', '그들의'
- 의문 소유대명사 '누구의' 성 구분

오늘의 미션

☑ 이거 누구 티켓(биле́т)이야?

☑ 그의 티켓이야.

MP3 바로 듣기

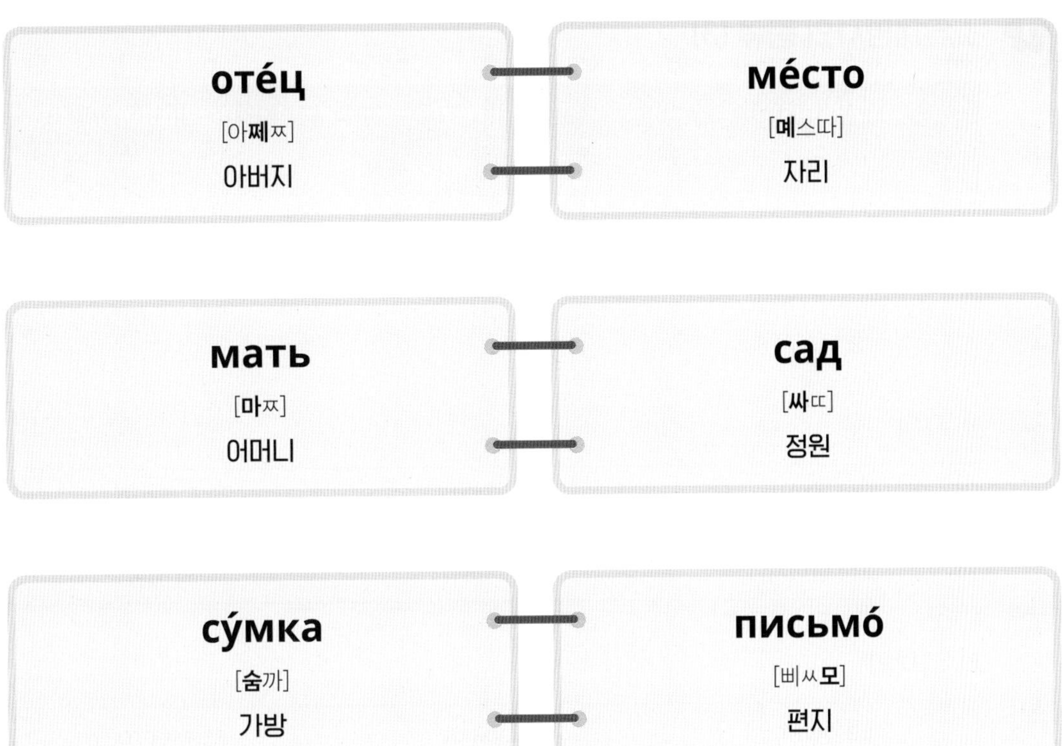

оте́ц
[아**쩨**쯔]
아버지

ме́сто
[**몌**스따]
자리

мать
[**마**쯔]
어머니

сад
[**싸**ㄸ]
정원

су́мка
[**숨**까]
가방

письмо́
[삐ㅆ**모**]
편지

오늘의 학습 내용

1 소유대명사의 종류 (3)

그의(his)			그녀의(her)			그들의(their)		
남성	여성	중성	남성	여성	중성	남성	여성	중성
его́			её			их		

주의 뒤에 나오는 명사의 성(性)과 상관없이 형태가 변하지 않습니다.

1) '그의'

его́ оте́ц 이보 아쩨ㅉ 그의 아버지	его́ мать 이보 마ㅉ 그의 어머니	его́ лицо́ 이보 리쪼 그의 얼굴

2) '그녀의'

её о́фис 이요 오피ㅆ 그녀의 사무실	её су́мка 이요 숨까 그녀의 가방	её ме́сто 이요 메스따 그녀의 자리

3) '그들의'

их сад 이ㅎ 싸ㄸ 그들의 정원	их мать 이ㅎ 마ㅉ 그들의 어머니	их ме́сто 이ㅎ 메스따 그들의 자리

2 의문 소유대명사 '누구의'

'чей чья́ чьё'는 '누구의'라는 뜻의 의문 소유대명사입니다. 뒤에 수식하는 명사의 문법적 성과 일치시켜야 합니다. 또한 의문사에 속하므로 문장의 맨 앞에 위치시켜야 합니다.

누구의		
남성	여성	중성
чей	чья́	чьё

1) чей + 남성명사

Чей э́то дом?
췌이 에따 돔

이것은 누구의 집이니?

(Э́то) наш дом.
에따 나쉬 돔

우리 집이야.

2) чья́ + 여성명사

Чья́ э́то соба́ка?
취야 에따 싸바까

이것은 누구의 강아지니?

(Э́то) её соба́ка.
에따 이요 싸바까

그녀의 강아지야.

3) чьё + 중성명사

Чьё э́то письмо́?
취요 에따 삐ㅆ모

이것은 누구의 편지니?

(Э́то) моё письмо́.
에따 마요 삐ㅆ모

내 편지야.

Э́то не моя́ су́мка. Чья э́то су́мка?
에따 니 마야 숨까 취야 에따 숨까
이건 내 가방이 아니야. 누구 가방이지?

Наве́рно, э́то его́ (су́мка).
나베르나 에따 이보 숨까
아마도 그의 가방일거야.

✔ 소유대명사나 의문 소유대명사가 있는 문장에서는 항상 명사가 중심이고, 일종의 '왕'이라고 기억해 주세요! 무조건 수식 받는 명사의 성에 맞춰 주어야 합니다.

☆ 이건 누구 티켓(биле́т)이야?
Чей э́то биле́т?
췌이 에따 빌례ㄸ

☆ 그의 티켓이야.
(Э́то) его́ биле́т.
에따 이보 빌례ㄸ

Чьё э́то пальто́?

취요 에따 빨또

이것은 누구의 외투니?

Э́то моё (пальто́).

에따 마요 빨또

(이것은) 내 외투야.

Э́то то́же твоё (пальто́)?

에따 또줴 뜨바요 빨또

이것도 네 외투야? (네 거야?)

Нет, э́то её (пальто́).

녯 에따 이요 빨또

아니, 이건 그녀의 외투야. (그녀 거야.)

추가 단어

пальто́ [빨또] 외투, 코트

행운을 빌어!

Уда́чи (вам)!

우다취 밤

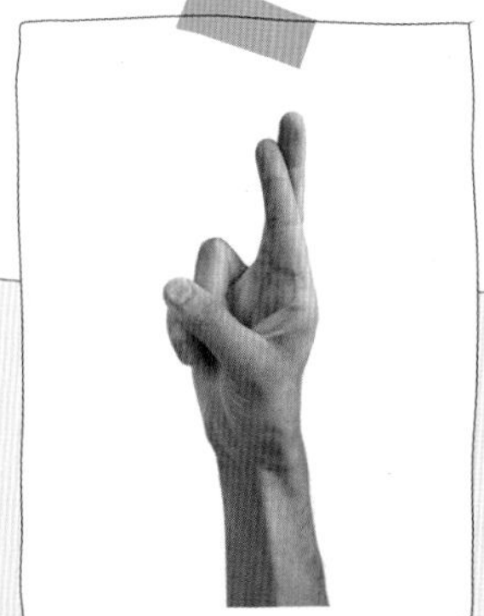

1 보기와 같이 주어진 단어들로 짧은 대화문을 만들어 보세요.

보기 **кни́га, я**

▶ Чья э́то кни́га? (이것은 누구의 책입니까?)

▶ Э́то моя́ кни́га. (이것은 나의 책입니다.)

❶ друг, мы

▶ ______________________________

(이 사람은 누구의 친구입니까?)

▶ ______________________________

(이 사람은 우리의 친구입니다.)

❷ письмо́, он

▶ ______________________________

(이것은 누구의 편지입니까?)

▶ ______________________________

(이것은 그의 편지입니다.)

❸ мать, они́

▶ ______________________________

(이 사람은 누구의 엄마입니까?)

▶ ______________________________

(이 사람은 그들의 엄마입니다.)

정답 p.269

러시아 제국의 위대한 여제, 예카테리나 2세

예카테리나 2세는 러시아 역사에서 가장 영향력 있는 인물 중 한 명이에요. 그녀는 1762년부터 1796년까지 러시아를 통치하면서 예술과 교육을 장려하고 영토를 확장해, 러시아를 유럽의 강대국 중 하나로 만들었죠. 예카테리나 2세는 특히 계몽주의 사상에 큰 영향을 받아, 유럽과의 교류를 적극적으로 추진하며 러시아를 현대적인 국가로 발전시키는 데 큰 기여를 했습니다.

그녀의 가장 유명한 업적 중 하나는 크림반도를 러시아에 편입시킨 것이에요. 이를 통해 흑해로의 진출이 가능해졌고, 러시아는 유럽과 중동을 연결하는 중요한 교역로를 확보할 수 있었죠. 예카테리나 2세의 치세 동안 러시아는 강력한 군사력과 외교력을 바탕으로 유럽에서 중요한 위치를 차지하게 됐습니다.

예카테리나 2세가 남긴 유산은 오늘날까지도 러시아 곳곳에서 찾아볼 수 있는데요, 그녀의 통치와 관련된 문화 유산들은 그 웅장함과 역사적 가치를 자랑합니다.

1. 예카테리나 궁전(Екатерининский дворец)

이 화려한 궁전은 예카테리나 2세가 상트페테르부르크 근교에 지은 여름 궁전이에요. 러시아 바로크 양식으로 지어진 이 궁전은 푸른색과 금색으로 장식되어 있어 웅장함을 자랑합니다. 특히, 궁전 내부에 있는 호박 방은 세계적으로도 유명하답니다.

2. 타브리다 궁전(Таврический дворец)

예카테리나 2세가 가장 신임했던 장군인 포템킨을 위해 지어진 이 궁전은 상트페테르부르크에 위치해 있어요. 이 궁전은 그녀의 영토 확장과 군사적 업적을 기념하는 중요한 건축물로, 당시의 화려함과 군사적 위세를 느낄 수 있는 곳입니다.

3. 스몰니 수도원(Смольный монастырь)

스몰니 수도원은 예카테리나 2세의 통치 시기에 지어진 여성 수도원입니다. 바로크 양식과 고전주의 건축 양식이 혼합된 이 건축물은 당시 러시아에서 여성 교육을 위한 공간으로 사용되었어요. 수도원 내부는 아름다운 성당과 건축적 디테일로 유명해서 현재까지도 많은 관광객이 찾고 있어요.

Урок 12

복습

Урок 07~11 복습하기

오늘의 주제

- 7 ~ 11강 내용 복습 & 말하기 연습
- 실전 테스트

오늘의 복습 내용

Урок 07 ☑ 소유대명사 '나의', '너의' 문법적 성(性) 구분

나의 (my)	남성	여성	중성
	мой	моя́	моё

Анто́н мой друг.
안똔 모이 드루ㄲ

안톤은 내 친구야.

Где моя́ ру́чка?
그제 마야 루ㅊ까

내 펜 어딨지?

Э́то моё и́мя.
에따 마요 이먀

이것이 내 이름이야.

너의 (your)	남성	여성	중성
	твой	твоя́	твоё

Твой слова́рь здесь.
뜨보이 슬라바ㄹ 즈제스

네 사전 여기 있어.

Твоя́ дочь до́ма?
뜨바야 도취 도마

네 딸은 집에 있니?

Твоё молоко́ там.
뜨바요 말라꼬 땀

네 우유는 저기에 있다.

Урок 08

☑ 장소를 니디내는 부사 표현 (2)

Где твой компьютер? 네 컴퓨터는 어디 있니?
그제 뜨보이 깜쀼떼ㄹ

Мой компьютер слéва. 내 컴퓨터는 왼쪽에 있어.
모이 깜쀼떼ㄹ 슬례바

Где твоя́ кни́га? 네 책은 어디 있니?
그제 뜨바야 끄니가

Моя́ кни́га спра́ва. 내 책은 오른쪽에 있어.
마야 끄니가 스쁘라바

Урок 09

☑ 의문사 '언제'(когда́) 구문

☑ 시간을 나타내는 표현

Когда́ твой уро́к? 너의 수업은 언제니?
까그다 뜨보이 우록

Мой уро́к у́тром. 내 수업은 아침에 있어.
모이 우록 우뜨람

Днём я всегда́ до́ма. 낮에 나는 항상 집에 있다.
드뇸 야 f씨그다 도마

Когда́ твоя́ игра́?
까그다 뜨바야 이그라

너의 경기는 언제니?

Моя́ игра́ ве́чером.
마야 이그라 볘체람

나의 경기는 저녁에 있어.

Кто там но́чью?
끄또 땀 노츄

밤에는 거기에 누가 있나요?

Урок 10 ☑ 소유대명사 '우리의', '당신의/너희의' 성(性) 구분

우리의 (our)	남성	여성	중성
	наш	на́ша	на́ше

Наш кот до́ма.
나쉬 꼬뜨 도마

우리 고양이는 집에 있다.

На́ша страна́ - Коре́я.
나샤 스뜨라나 까례야

우리나라는 한국이다.

На́ше собра́ние у́тром.
나쉐 사브라니예 우뜨람

우리 회의는 아침에 있다.

당신의, 너희의 (your)	남성	여성	중성
	ваш	вáша	вáше

Когдá ваш óтпуск?
까그다 바쉬 오뜨뿌스ㄲ
당신의 휴가는 언제인가요?

Где вáша рóдина?
그제 바샤 로지나
당신의 고향은 어딘가요?

Вáше здáние далекó?
바쉐 즈다니예 달리꼬
너희 건물은 멀어?

Урок 11
- 소유대명사 '그의', '그녀의', '그들의'
- 의문 소유대명사 '누구의' 문법적 성(性) 구분

• 소유대명사 '그의', '그녀의', '그들의': 명사의 성(性) 무관

егó отéц 이보 아쩨ㅉ 그의 아버지	егó мать 이보 마ㅉ 그의 어머니	егó лицó 이보 리쪼 그의 얼굴
её óфис 이요 오피ㅆ 그녀의 사무실	её сýмка 이요 숨까 그녀의 가방	её мéсто 이요 메스따 그녀의 자리
их сад 이ㅎ 싸ㄸ 그들의 정원	их мать 이ㅎ 마ㅉ 그들의 어머니	их мéсто 이ㅎ 메스따 그들의 자리

• 의문 소유대명사 '누구의'

누구의	남성	여성	중성
	чей	чья́	чьё

Чей э́то дом?
췌이 에따 돔

이것은 누구의 집이니?

Чья э́то соба́ка?
취야 에따 싸바까

이것은 누구의 강아지니?

Чьё э́то письмо́?
취요 에따 삐ㅆ모

이것은 누구의 편지니?

보너스 표현

만나서 반갑습니다!

О́чень прия́тно!
오췬 쁘리야뜨나

안녕히 주무세요!

Споко́йной но́чи!
스빠꼬이나이 노취

맛있게 드세요!

Прия́тного аппети́та!
쁘리야뜨나바 아뻬찌따

좋은 여행 되세요!

Счастли́вого пути́!
쉬슬리바바 뿌찌

행운을 빌어!

Уда́чи (вам)!
우다취 밤

1 음성을 듣고 일치하는 단어를 보기에서 고르세요. MP3

	A	B	C	D
❶	Ⓐ молоко́	Ⓑ дочь	Ⓒ ла́мпа	Ⓓ игра́
❷	Ⓐ каранда́ш	Ⓑ наве́рно	Ⓒ экза́мен	Ⓓ о́тпуск
❸	Ⓐ ме́сто	Ⓑ су́мка	Ⓒ алло́	Ⓓ о́чень

2 다음 러시아어 문장의 우리말 뜻을 적어 보세요.

❶ Мой компью́тер сле́ва.

▶ ______________________________

❷ Моя́ игра́ ве́чером.

▶ ______________________________

❸ Когда́ ваш о́тпуск?

▶ ______________________________

❹ Чьё э́то письмо́?

▶ ______________________________

정답 p.269

3 제시된 우리말을 참고하여 다음 대화문을 완성해 보세요.

❶

Ⓐ ______________________? Бли́зко?

기차역은 어디에 있니? 가까워?

Нет, не бли́зко. Ⓑ ______________________.

아니, 안 가까워. 오른쪽에 있어.

❷

Э́то не моя́ су́мка. Ⓐ ______________________?

이건 내 가방이 아니야. 누구 가방이지?

Ⓑ ______________________, э́то его́ (су́мка).

아마도 그의 가방일거야.

Ⓒ ______________________?

이것은 누구의 외투니?

Ⓓ ______________________ (пальто́).

(이것은) 내 외투야.

Урок 13

Ма́ша о́чень краси́вая!

마샤 진짜 예쁘다!

오늘의 주제

- 형용사 개념 및 문법적 성(性) 구분
- 기본형 어미 익히기

오늘의 미션

- ☑ 새 집
- ☑ 예쁜 창문
- ☑ 예쁜 문

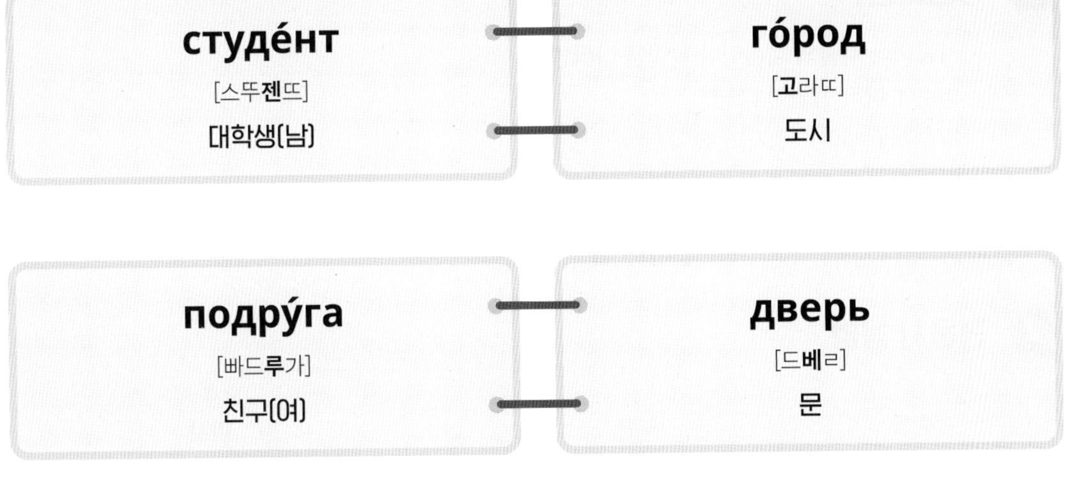

주의 дверь(문)은 여성 명사입니다.

1 형용사란?

- 사람이나 사물의 성질이나 특징을 나타냄
- 어순에 따라 용법이 나뉨
  - ▶ 수식 (형용사+명사) / 술어 (명사+형용사)
- 함께 오는 명사에 따라 성(남/여/중성)을 구분

2 형용사 용법

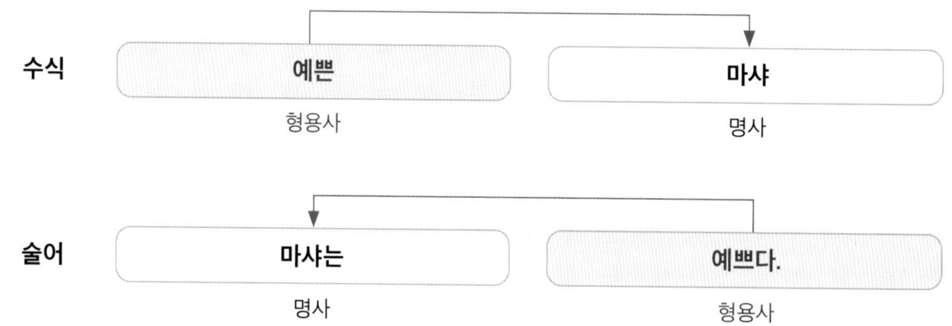

3 명사의 성에 따른 형용사 어미 변화

	남성(он)	여성(она́)	중성(оно́)
	-ый	-ая	-ое
새로운	но́вый	но́вая	но́вое
예쁜/잘생긴	краси́вый	краси́вая	краси́вое

1) 형용사 남성형+남성명사

수식 Он но́вый студе́нт. (온 노븨 스뚜젠뜨) 그는 새로운 학생이다.

술어 Го́род краси́вый. (고라ㄸ 끄라씨븨) 도시는 아름답다.

2) 형용사 **여성형**+**여성**명사

수식 Онá нóвая подрýга. 그녀는 새로운 친구(여)다.
아나 노바야 빠드루가

술어 Мáша краси́вая. 마샤는 예쁘다.
마샤 끄라씨바야

3) 형용사 **중성형**+**중성**명사

수식 Э́то нóвое здáние. 이것은 새 건물이다.
에따 노바예 즈다니예

술어 Мóре краси́вое. 바다는 아름답다.
모례 끄라씨바예

마샤쌤의 꿀팁 한 스푼

형용사의 남성/여성/중성형 중 기본형은 남성형입니다. 형용사를 외울 때는 기본형인 남성형을 익히고, 필요시 명사의 성에 따라 형용사 어미를 바꾸면 됩니다.

Ктó это? Он óчень красѝвый!

끄또 에따 온 오췬 끄라씨븨

이 사람 누구야? 엄청 잘생겼다!

(Он) мой нóвый друг Вѝктор.

온 모이 노븨 드룩 빅따ㄹ

내 새로운 친구 빅토르야.

✔ 소유대명사와 형용사가 함께 나오면, 일반적으로 '소유대명사 + 형용사 + 명사' 순서대로 씁니다.

예 мой нóвый друг (나의 새 친구)

✔ 한국에서는 러시아 이름 '빅토르'라고 알려져 있지만, 실제 러시아어로는 강세규칙으로 인해 [빅따ㄹ]로 발음하셔야 합니다.

① 새 집

нóвый дом

노븨 돔

② 예쁜 창문

красѝвое окнó

끄라씨바예 아끄노

③ 예쁜 문

красѝвая дверь

끄라씨바야 드베ㄹ

Чья э́то маши́на?
취야 에따 마쉬나
이건 누구의 자동차야?

Э́то на́ша (маши́на).
에따 나샤 마쉬나
이건 우리 자동차야.

Она́ но́вая?
아나 노바야
자동차가 새 거야?

Нет, (она́) ста́рая.
녯 아나 쓰따라야
아냐, 오래된 거야.

추가 단어

ста́рый [쓰따릐] 오래된, 낡은

와! (놀라는 표현, 긍정적)

Ничего́ себе́!
니취보 씨볘

1 보기와 같이 주어진 단어를 사용하여 문법에 맞게 완전한 문장을 만들어 보세요.

보기 **э́то, мой, но́вый, пальто́**

▶ Э́то моё но́вое пальто́. (이것은 나의 새로운 외투다.)

① э́то, наш, но́вый, зда́ние

▶ ______________________________

② э́то, мой, краси́вый, подру́га

▶ ______________________________

③ э́то, его́, ста́рый, костю́м

▶ ______________________________

④ э́то, её, но́вый, кни́га

▶ ______________________________

2 다음 한국어 문장을 러시아어로 바꿔 보세요.

① 내 핸드폰은 새 거다.

▶ ______________________________

② 한국은 아름다운 나라다.

▶ ______________________________

정답 p.269

타타르스탄의 도시, 카잔

카잔Казань은 타타르스탄 공화국의 수도로, 러시아에서 가장 오래된 도시 중 하나예요. 모스크바에서 동쪽으로 약 800km 떨어져 있으며, 볼가 강Волга과 카잔카 강Казанка이 만나는 곳에 위치해 있어 역사적으로 중요한 무역 중심지였어요. 카잔은 '러시아의 동양'이라고 불릴 만큼 러시아 문화와 타타르 문화가 융합된 독특한 분위기를 자랑하는 도시로, 다양한 역사적 건축물과 문화적 명소가 많이 있어요.

카잔을 걸어다니면, 볼가 강을 따라 웅장한 건축물들과 역사적인 장소들이 쭉 펼쳐지는 걸 볼 수 있어요. 특히, 카잔 크렘린Казанский Кремль은 유네스코 세계 문화 유산으로 지정된 곳인데, 이슬람의 아름다움을 보여주는 쿨 샤리프 모스크Мечеть «Кул-Шариф»와 정교회의 성모 승천 성당이 나란히 자리 잡고 있어서 종교적 조화의 상징을 그대로 느낄 수 있답니다.

또 다른 매력적인 명소로는 카잔의 중심지인 바움안 거리улица Баумана가 있는데, 이곳은 다양한 카페와 상점, 거리 예술가들이 어우러져서 언제나 활기찬 분위기를 자아내요. 거리 한가운데에는 여러 기념품 가게가 있어서 타타르스탄의 전통 문화를 느낄 수 있는 기념품을 구매하기에도 좋아요.

카잔 여행의 하이라이트 중 하나는 타타르 문화 공연을 감상하는 거예요. 타타르 극장이나 오페라 극장에서 펼쳐지는 공연은 전통 음악과 춤, 그리고 현대적인 연출이 조화롭게 어우러져서 카잔의 독특한 문화를 제대로 경험할 수 있는 기회를 제공해 준답니다.

카잔은 러시아에서 이슬람 문화와 러시아 정교회 문화가 조화롭게 공존하는 매력적인 도시로, 이곳을 방문하는 여행자들에게 잊지 못할 추억을 선물해줄 거예요.

카잔 여행 TIP

카잔의 또 다른 매력은 바로 타타르 전통 요리를 맛볼 수 있는 곳들이 많다는 거예요. 타타르 전통 디저트인 차크차크Чак-чак나 양고기, 감자, 양파 등을 속에 넣고 구운 에치포취막Эчпочмак 같은 음식들은 꼭 놓치지 말고 먹어 보세요!

Урок 14

Какáя э́то компáния?

여기는 어떤 회사야?

오늘의 주제

- 형용사 특수형 어미 (1)
- 의문형용사 '어떤(какóй)' 성 구분

오늘의 미션

☑ 이건 어떤 도시니?

☑ 새로운 대도시야.

теа́тр
[찌**아**뜨르]
극장

Росси́я
[라**씨**야]
러시아

аудито́рия
[아우지**또**리야]
강의실

о́зеро
[**오**제라]
호수

библиоте́ка
[비블리아**쩨**까]
도서관

профе́ссор
[쁘라**뻬**(f)싸르]
교수

1 형용사의 특수형 어미 (남성형 -óй)

남성(он)	여성(oнá)	중성(онó)
-ый / -óй	-ая	-ое

- 형용사의 강세가 어미에 있는 경우 남성형 어미는 -óй!
- 여성형과 중성형은 동일!

2 형용사의 특수형 어미 활용

	남성(он)	여성(oнá)	중성(онó)
	-ый / -óй	-ая	-ое
큰	большóй 발쇼이	большáя 발샤야	большóе 발쇼예
어떤	какóй 까꼬이	какáя 까까야	какóе 까꼬예

1) 형용사 남성형+남성명사

большóй гóрод 대도시
발쇼이 고라ㄸ

Большóй теáтр 볼쇼이 극장
발쇼이 찌아뜨ㄹ

Какóй э́то музéй? 이것은 어떤 박물관이니?
까꼬이 에따 무졔이

Э́то большóй музéй. 대형 박물관이야.
에따 발쇼이 무졔이

2) 형용사 여성형+여성명사

Россúя - большáя странá. 러시아는 큰 나라다.
라씨야 발샤야 스뜨라나

Какáя э́то аудитóрия? 이것은 어떤 강의실이니?
까까야 에따 아우지또리야

Э́то большáя аудитóрия. 대형 강의실이야.
에따 발샤야 아우지또리야

3) 형용사 중성형+중성명사

Óзеро Байкáл большóе. 바이칼 호수는 크다.
오제라 바이깔 발쇼예

Какóе э́то окнó? 이것은 어떤 창문이니?
까꼬예 에따 아끄노

Э́то большóе окнó. 큰 창문이야.
에따 발쇼예 아끄노

오늘의 핵심 표현

Что э́то? Како́е э́то о́зеро?
쉬또 에따 까꼬예 에따 오제라
이게 뭐야? 이것은 어떤 호수야?

Э́то о́зеро Байка́л.
에따 오제라 바이칼
Оно́ большо́е и краси́вое.
아노 발쇼예 이 끄라씨바예
바이칼 호수야. 호수가 크고 예뻐.

핵심 포인트

✔ 바이칼 호수(о́зеро Байка́л)는 러시아 시베리아 지역에 위치한 도시 이르쿠츠크(Ирку́тск)에 있고, 세계에서 가장 깊은 호수입니다. 수심 40m까지 내려다 보일 만큼 세계에서 가장 투명하여 '지구의 푸른 눈'이라고 불린다고 합니다.

미션 클리어

☆ 이건 어떤 도시니?
Како́й э́то го́род?
까꼬이 에따 고라ㄸ

☆ 새로운 대도시야.
(Э́то) но́вый и большо́й го́род.
에따 노븨 이 발쇼이 고라ㄸ

Са́ша, скажи́, пожа́луйста! Что э́то?

싸샤 스까쥐 빠좔루이스따 쉬또 에따

싸샤, 말해 줘! 이건 뭐야?

Э́то больша́я библиоте́ка.

에따 발샤야 비블리아쩨까

이건 대형 도서관이야.

Здо́рово! А кто э́то?

즈도라바 아 끄또 에따

멋지다! 그런데 이 사람은 누구야?

Э́то мой профе́ссор. Он о́чень молодо́й.

에따 모이 쁘라뻬싸르 온 오췬 말라도이

나의 교수님이야. 그는 아주 젊어.

추가 단어

здо́рово [즈도라바] 멋지다, 대단하다

молодо́й [말라도이] 젊은

보너스 표현

말도 안 돼! 그럴 리 없어! (황당할 때)

Не мо́жет быть!

니 모쥇ㄸ 븨ㅉ

오늘의 연습문제

1 보기와 같이 주어진 단어를 문법에 맞게 빈칸에 넣어 보세요.

> 보기 **како́й, но́вый**
>
> **A :** **Како́е** э́то зда́ние? (이것은 어떤 건물이니?)
>
> **B :** Э́то **но́вое** зда́ние. (이것은 새로운 건물이야.)

① како́й, краси́вый

A : ________________ э́то карти́на?

B : Э́то ________________ карти́на.

② како́й, большо́й

A : ________________ э́то о́зеро?

B : Э́то ________________ о́зеро.

③ како́й, но́вый

A : ________________ э́то слова́рь?

B : Э́то ________________ слова́рь.

2 다음 주어진 표현에서 틀린 부분을 찾아 고쳐 보세요.

① большо́е музе́й (큰 박물관) ▶ ________________

② моя́ краси́вый дочь (내 예쁜 딸) ▶ ________________

③ но́вая и́мя (새로운 이름) ▶ ________________

정답 p.269

제시된 우리말을 참고하여, 낱말 퍼즐 안에 숨어있는 8가지 단어를 찾아 보세요.

м	ё	ы	п	и	с	ь	м	ó	ш
а	й	т	ж	к	м	х	а	ф	п
т	м	ó	г	л	я	р	ш	о	к
ь	э	з	ф	с	е	д	и́	г	б
ц	н	е	л	а	в	б	н	ю	э
г	ó	р	о	д	ж	т	а	й	м
з	д	о	с	у	ы	е	ц	з	д
в	й	к	ы	ё	л	á	п	э	ж
б	и	б	л	и	о	т	é	к	а
е	х	р	ю	н	т	р	щ	с	ч

❶ 정원	❺ 도시
❷ 자동차	❻ 호수
❸ 도서관	❼ 편지
❹ 극장	❽ 어머니

정답 p.275

Урок 15

Ру́сский язы́к лёгкий.

러시아어는 쉽다.

오늘의 주제

- 형용사 특수형 어미 (2)
- 형용사 총정리

오늘의 미션

☑ 이건 한국 음식이니?

☑ 아냐, 러시아 음식이야.

MP3 바로 듣기

오늘의
단어

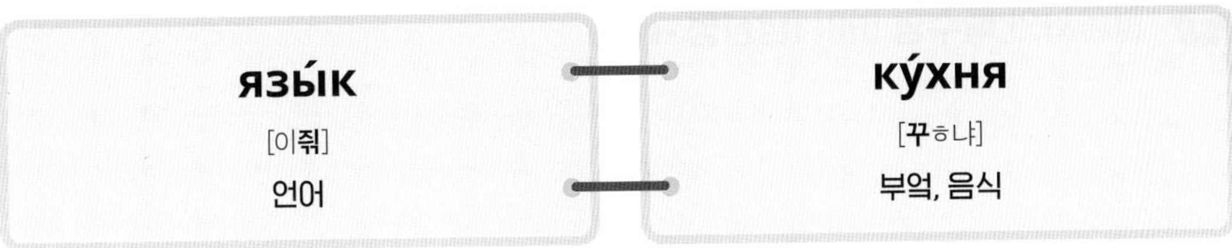
язы́к
[이쥐]
언어
ку́хня
[꾸ㅎ냐]
부엌, 음식

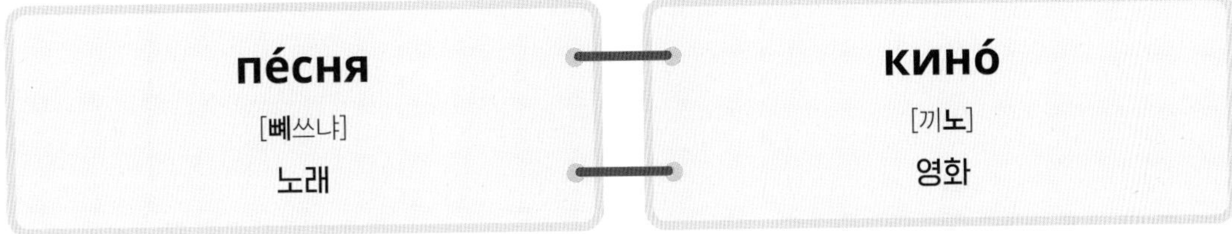
пе́сня
[뻬쓰냐]
노래
кино́
[끼노]
영화

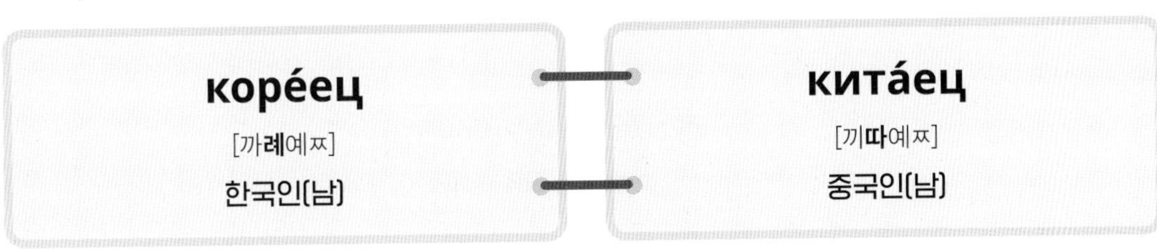
коре́ец
[까례예ㅉ]
한국인(남)
кита́ец
[끼따예ㅉ]
중국인(남)

1 형용사의 특수형 어미 (남성형 -ий)

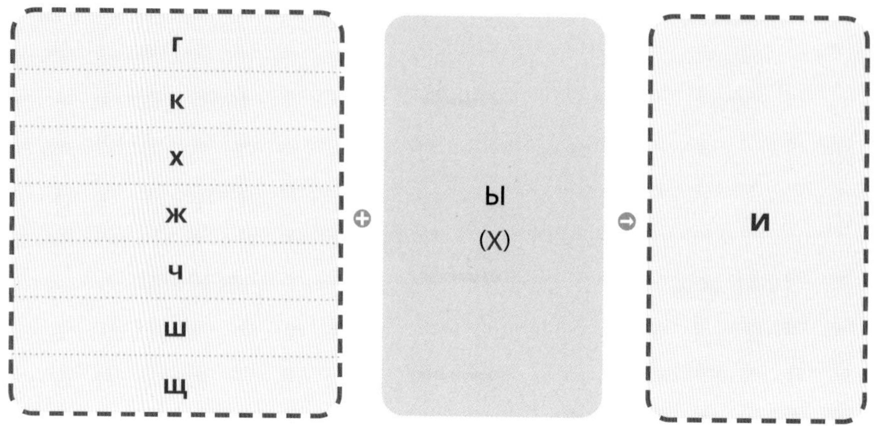

주의 반드시 기억해야 할 철자 규칙 : 7가지 자음 뒤에는 ы가 아니라 и가 와야 한다!

형 러시아의 / 명 러시아인(남)
русск + ~~ый~~ → ий

'ру́сский'는 형용사(뜻: 러시아의)이자 명사(뜻: 러시아인)의 역할을 하는 단어입니다. 구분하는 방법은 단독으로 사용하면 명사이고, 뒤에 다른 명사가 오면 형용사 용법으로 보시면 됩니다.

2 형용사의 특수형 어미 활용

	남성(он)	여성(она́)	중성(оно́)
러시아의	ру́сский 루스끼	ру́сская 루스까야	ру́сское 루스까예

주의 к 뒤에는 ы가 아니라 и가 온다!

ру́сский язы́к — 러시아어 (러시아의 언어)
루스끼 이즥

ру́сская пе́сня — 러시아 노래 (러시아의 노래)
루스까야 뻬쓰냐

Она́ ру́сская. — 그녀는 러시아인이다.
아나 루스까야

ру́сское метро́ — 러시아 지하철 (러시아의 지하철)
루스까예 미뜨로

	남성(он)	여성(она́)	중성(оно́)
한국의	коре́йский 까례이스끼	коре́йская 까례이스까야	коре́йское 까례이스까예

주의 к 뒤에는 ы가 아니라 и가 온다!

Како́й э́то язы́к? — 이것은 어떤 언어인가요?
까꼬이 에따 이쥐

Э́то коре́йский язы́к. — 이것은 한국어입니다.
에따 까례이스끼 이쥐

Кака́я э́то ку́хня? — 이것은 어떤 음식이니?
까까야 에따 꾸ㅎ냐

Э́то коре́йская ку́хня. — 이것은 한국 음식이야.
에따 까례이스까야 꾸ㅎ냐

Како́е э́то блю́до? — 이것은 어떤 요리인가요?
까꼬예 에따 블류다

Э́то коре́йское блю́до. — 이것은 한국 요리입니다.
에따 까례이스까예 블류다

Я коре́ец. Коре́йский язы́к краси́вый.
야 까레예쯔 까레이스끼 이직 끄라씨븨

나는 한국인이야. 한국어는 아름다워.

Я ру́сская.
야 루스까야

Ру́сский язы́к то́же краси́вый.
루스끼 이직 또줴 끄라씨븨

나는 러시아인이야. 러시아어도 아름다워.

✔ 'коре́йский'는 형용사(한국의)로만 사용되고, '한국인'이라는 명사 용법은 없습니다. 국적을 나타내는 명사 용법도 가지고 있는 형용사는 'ру́сский'가 유일하므로 헷갈리지 않게 주의하세요!

☆ 이건 한국 음식이니?

Э́то коре́йская ку́хня?
에따 까레이스까야 꾸ㅎ냐

☆ 아냐, 러시아 음식이야.

Нет, она́ ру́сская.
녯 아나 루스까야

Какóй э́то язы́к?
까꼬이 에따 이쥐
이것은 어떤 언어야?

Э́то китáйский язы́к.
에따 끼따이스끼 이쥐
이것은 중국어야.

Поня́тно. Ты китáец?
빠냐뜨나 띄 끼따예쯔
그렇구나. 너는 중국인이니?

Нет, я корéец.
녯 야 까례예쯔
아냐, 나는 한국인이야.

추가 단어

китáйский [끼따이스끼] 중국의
поня́тно [빠냐뜨나] 명료하다, 이해되다

어쩔 수 없지.

Ну, что ж(е).
누 쉬또 줴

1 다음 형용사의 기본형(남성형)을 적어 보세요.

❶ большáя ▶ ______________________

❷ стáрое ▶ ______________________

❸ китáйская ▶ ______________________

2 주어진 단어를 활용하여 질문에 답해 보세요.

❶ Какáя э́то кýхня? (이것은 어떤 음식이니?) [рýсский]

▶ ______________________

❷ Какóй э́то гóрод? (이것은 어떤 도시야?) [китáйский]

▶ ______________________

❸ Какóе э́то блю́до? (이것은 어떤 요리야?) [корéйский]

▶ ______________________

정답 p.270

러시아의 전통 음식

러시아 전통 음식은 지역과 계절에 따라 다양하지만, 대체로 간단하면서도 풍부한 맛을 자랑합니다. 특히 러시아의 기후와 지리적 특성 때문에 보존이 용이하고 다양한 재료를 활용한 요리가 발달한 편이에요. 여러분에게 몇 가지 대표적인 러시아 전통 음식을 소개할게요.

1. 보르쉬(борщ)

비트로 만든 깊고 진한 색의 수프입니다. 주로 소고기나 돼지고기 육수에 비트, 양배추, 당근, 감자 등을 넣어 만듭니다. 사워크림과 함께 제공되는 경우가 많습니다.

2. 블리니(блины)

러시아식 팬케이크로, 밀가루 또는 메밀가루로 만들어지며 얇고 부드럽습니다. 주로 연어나 캐비어, 사워크림과 함께 먹습니다.

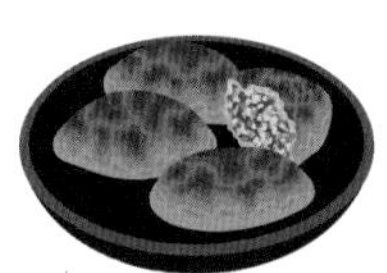

3. 피로시키(пирожки)

고기, 양배추, 감자, 버섯, 치즈 등 다양한 속재료가 들어간 작고 둥근 빵으로, 오븐에 굽거나 기름에 튀길 수 있습니다. 간편하게 먹을 수 있는 스낵으로 인기가 많습니다.

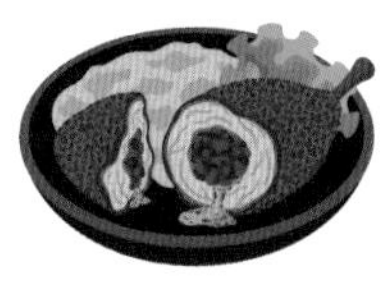

4. 치킨 키예프(Котлета по-киевски)

치킨 키예프는 닭가슴살에 버터와 허브를 채운 다음, 빵가루를 입혀서 튀긴 요리입니다. 외부는 바삭하고, 내부는 부드러운 버터가 녹아 있는 것이 특징입니다. 러시아뿐만 아니라 전 세계적으로도 사랑받는 요리입니다.

5. 오크로시카(окрошка)

러시아의 전통적인 차가운 수프입니다. 주로 여름철에 시원하게 즐길 수 있는 음식으로, 신선한 채소와 고기, 그리고 발효된 음료인 크바스квас를 주재료로 사용합니다.

Урок 16

Что ты де́лаешь?

너 뭐 해?

오늘의 주제

- 1식 동사 변화형 어미
- 동사 '하다', '읽다' 활용

오늘의 미션

☑ 너 지금 뭐 해?

☑ 나 편지 읽고 있어.

오늘의 단어

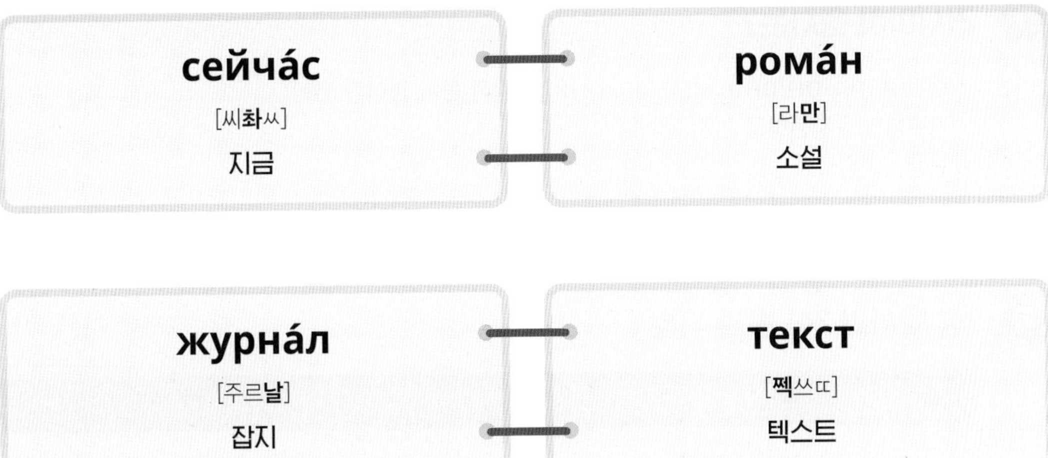

сейча́с
[씨촤ㅆ]
지금

рома́н
[라만]
소설

журна́л
[주르날]
잡지

текст
[쩩ㅆㄸ]
텍스트

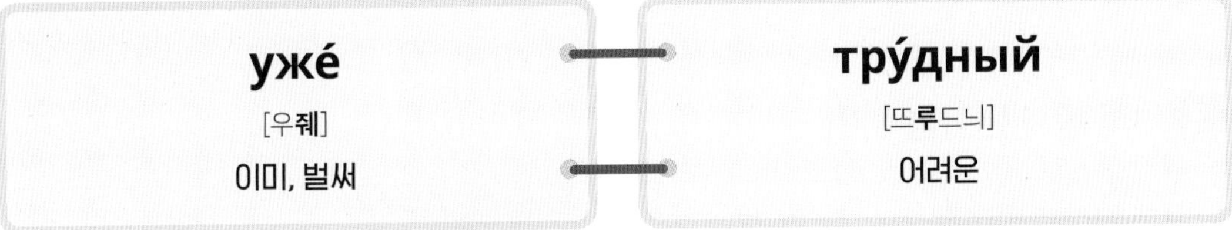

уже́
[우줴]
이미, 벌써

тру́дный
[뜨루드늬]
어려운

오늘의 학습 내용

1 러시아어 동사는?

- 주어(я, ты, он/она́, мы, вы, они́)에 따라 동사 어미가 변함
- 기본형인 동사원형을 먼저 암기!
- 크게 1식 동사와 2식 동사로 나뉨

2 1식 동사와 2식 동사 구분

1식 동사	2식 동사
-ать / -ять	-ить / -еть

주의 동사원형의 어미로 구분!

3 1식 동사 변화형 어미

я	-ю	мы	-ем
ты	-ешь	вы	-ете
он/она́	-ет	они́	-ют

주의 동사원형에서 -ть를 떼어내고 변화형 어미를 붙임!

4 1식 동사 '하다(do)' де́лать

де́ла -ть			
я	де́лаю	мы	де́лаем
ты	де́лаешь	вы	де́лаете
он/она́	де́лает	они́	де́лают

Что ты де́лаешь?
쉬또 띄 젤라예쉬

너는 뭐 하니?

Что она́ де́лает?
쉬또 아나 젤라예ㄸ

그녀는 뭐 하니?

Что вы сейча́с де́лаете?
쉬또 븨 씨촤ㅆ 젤라예쩨

당신은 지금 무엇을 하시나요?

Что они́ сейча́с де́лают?
쉬또 아니 씨촤ㅆ 젤라유ㄸ

그들은 지금 뭐 해요?

5 1식 동사 '읽다' чита́ть

чита́ -ть			
я	чита́ю	мы	чита́ем
ты	чита́ешь	вы	чита́ете
он/она́	чита́ет	они́	чита́ют

Я чита́ю журна́л.
야 취따유 주르날

나는 잡지를 읽는다.

Мы чита́ем рома́н.
믜 취따옘 라만

우리는 소설을 읽는다.

Сейча́с он чита́ет письмо́.
씨촤ㅆ 온 취따예ㄸ 삐ㅆ모

그는 지금 편지를 읽고 있다.

Сейча́с они́ чита́ют текст.
씨촤ㅆ 아니 취따유ㄸ 쩩ㅆㄸ

그들은 지금 텍스트를 읽고 있다.

Что вы де́лаете сейча́с?
쉬또 븨 젤라예쩨 씨촤ㅆ

(Вы) чита́ете рома́н?
븨 취따예쩨 라만

당신은 지금 뭐하세요? 소설을 읽나요?

Нет, (я) чита́ю журна́л.
녯 야 취따유 주르날

아뇨, 저는 잡지를 읽고 있어요.

✓ 러시아어는 동사 변화형으로 주어를 유추할 수 있으므로, 실제 회화에서 주어를 생략하고 말하는 경우가 종종 있습니다.

☆ 너 지금 뭐 해?

Что ты де́лаешь сейча́с?
쉬또 띄 젤라예쉬 씨촤ㅆ

☆ 나 편지 읽고 있어.

(Сейча́с я) чита́ю письмо́.
씨촤쓰 야 취따유 삐ㅆ모

오늘의 실전 회화

Ты ужé дóма? Что ты дéлаешь?

띄 우줴 도마 쉬또 띄 젤라예쉬

너 이미 집이야? 뭐 하고 있어?

Да, я дóма. Читáю текст.

다 야 도마 취따유 쩩쓰ㄸ

응, 집이야. 텍스트 읽고 있어.

Какóй текст ты читáешь?

까꼬이 쩩쓰ㄸ 띄 취따예쉬

너는 어떤 텍스트를 읽고 있니?

Рýсский текст. Он трýдный.

루스끼 쩩쓰ㄸ 온 뜨루드늬

러시아어 텍스트 (읽고 있어). 텍스트가 어렵네.

보너스 표현

1월

январь

인바ㄹ

1 다음은 читáть(읽다) 동사의 변화표입니다. 빈칸을 채워 보세요.

я	читáю	мы	❷
ты	читáешь	вы	читáете
он/онá	❶	они́	❸

2 다음 문장을 주어에 따라 동사 형태를 바꿔서 다시 적어 보세요.

보기 Что **ты дéлаешь** сейчáс?

❶ [вы] ______

❷ [онá] ______

❸ [они́] ______

정답 p.270

아래 가로 세로 낱말 퀴즈를 풀어 보세요!

세로 열쇠	가로 열쇠
❶ 교수	❸ 한국인(남)
❷ 잡지	❺ 노래
❹ 어려운	❼ 소설
❻ 언어	❽ 영화

정답 p.275

Урок 17

Мы не зна́ем тебя́.

우리는 너를 몰라.

오늘의 주제

- 1식 동사 '알다' 활용
- 인칭대명사 대격 (목적어 표현)

오늘의 미션

☑ 너희는 나를 아니?

☑ 아니, 우리는 너를 몰라.

MP3 바로 듣기

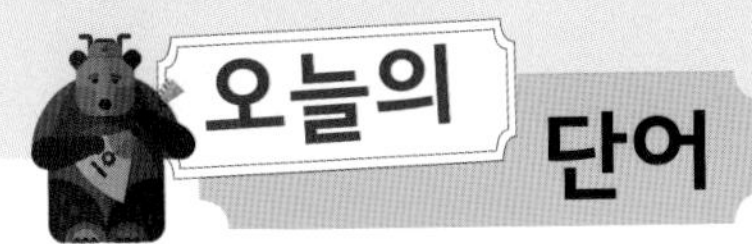

áдрес
[아드레쓰]
주소

секрéт
[씨끄례뜨]
비밀

фами́лия
[빠(f)밀리야]
성(姓)

óтчество
[옫췌스뜨바]
부칭

испáнский
[이쓰빤스끼]
스페인의

немнóго
[니므노가]
조금, 약간

1 1식 동사 '알다' знать

зна -ть			
я	знáю	мы	знáем
ты	знáешь	вы	знáете
он/онá	знáет	онú	знáют

Я знáю áдрес.
야 즈나유 아드례ㅆ

나는 주소를 안다.

Он знáет мой секрéт.
온 즈나예ㄸ 모이 씨끄례ㄸ

그는 나의 비밀을 안다.

Мы не знáем твой áдрес.
믜 니 즈나옘 뜨보이 아드례ㅆ

우리는 너의 주소를 모른다.

Ты знáешь её úмя?
띄 즈나예쉬 이요 이먀

너는 그녀의 이름을 아니?

2 인칭대명사 대격 (목적어 표현)

러시아어 문법에는 주격, 생격, 여격, 대격, 조격, 전치격 등 총 6개의 격변화 용법이 있습니다. 한국어에서는 조사로 표현하는 다양한 활용을 러시아어는 격 변화를 통해 표현합니다.

주격	생격	여격	대격	조격	전치격
~은, 는, 이, 가	~의	~에게	~을, 를	~로서	~에서

대격(목적격) : 목적어 표현

인칭대명사 대격 (~을, 를)

나를	меня́ 미냐	우리를	нас 나ㅆ
너를	тебя́ 찌뱌	너희를/당신을	вас 바ㅆ
그를/그녀를	его́/её 이보/이요	그들을	их 이ㅎ

Я зна́ю тебя́.
야 즈나유 찌뱌

나는 너를 알아.

Ты зна́ешь её?
뜨 즈나예쉬 이요

너는 그녀를 아니?

Вы зна́ете меня́?
븨 즈나예쩨 미냐

당신은 나를 아시나요?

Они́ не зна́ют вас.
아니 니 즈나유ㄸ 바ㅆ

그들은 당신을 몰라요.

참고 인칭대명사 주격 (~은, 는, 이, 가)

나	я	우리	мы
너	ты	너희/당신(들)	вы
그/그녀	он/она́	그들	они́

Я зна́ю твоё и́мя. Ты зна́ешь моё и́мя?

야 즈나유 뜨바요 이먀 띄 즈나예쉬 마요 이먀

나는 네 이름을 알아. 너는 내 이름 아니?

Да, коне́чно. Я то́же зна́ю твоё и́мя.

다 까네슈나 야 또줴 즈나유 뜨바요 이먀

응, 물론이야. 나도 네 이름 알아.

추가 단어 коне́чно [까네슈나] 물론

✔ 러시아인의 성명은 이름(и́мя), 부칭(о́тчество), 성(фами́лия)으로 구성되어 있습니다. 부칭(父稱)은 아버지의 이름에 따라 만들어집니다. 남자의 부칭은 아버지의 이름에 -ович, -евич를 붙여 만들고, 여자의 부칭은 -овна, -евна를 붙여서 만듭니다.

예 남자 이름 : Ива́н(이름) Петро́вич(부칭) Смирно́в(성)
여자 이름 : А́нна(이름) Петро́вна(부칭) Смирно́ва(성)

☆ 너희는 나를 아니?

Вы зна́ете меня́?

븨 즈나예쩨 미냐

☆ 아니, 우리는 너를 몰라.

Нет, мы не зна́ем тебя́.

녯 믜 니 즈나옘 찌뱌

Ива́н Петро́вич! Что вы де́лаете здесь?
이반 삐뜨로뷔ㅊ 쉬또 븨 젤라예쩨 즈제스

이반 페트로비치씨! 당신은 여기에서 무엇을 하고 있나요?

Я чита́ю испа́нский журна́л.
야 취따유 이쓰빤스끼 주르날

저는 스페인 잡지를 읽고 있어요.

Здо́рово! Вы зна́ете испа́нский язы́к?
즈도라바 븨 즈나예쩨 이쓰빤스끼 이쥑

멋지네요! 당신은 스페인어를 아시나요?

Да, немно́го зна́ю испа́нский язы́к.
다 니므노가 즈나유 이쓰빤스끼 이쥑

네, 저는 스페인어를 조금 알아요.

2월

февра́ль
피브랄

1 다음 한국어 문장을 러시아어로 바꿔 보세요.

❶ 우리는 러시아어를 안다.

▶ ____________________

❷ Антóн은 너를 알고 있니?

▶ ____________________

❸ 그들은 나의 주소를 모른다.

▶ ____________________

2 다음은 인칭대명사 대격 변화표입니다. 빈칸을 채워 보세요.

나를	меня́	우리를	нас
너를	❶	너희를/당신을	вас
그를/그녀를	❷ / её	그들을	❸

정답 p.270

러시아의 위대한 작가, 톨스토이

톨스토이Лев Николаевич Толстой는 러시아 역사와 문학에서 가장 위대한 작가 중 한 명이에요. 그는 19세기 러시아 문학의 거장으로, 깊이 있는 인간 탐구와 사회적 비판을 통해 세계 문학사에 커다란 영향을 남겼죠. 톨스토이는 도덕적, 철학적 사상에 큰 관심을 가졌으며, 그의 작품들을 통해 인간 존재의 복잡성을 탁월하게 탐구해 왔습니다.

톨스토이의 유산은 오늘날까지도 러시아와 전 세계에서 널리 사랑받고 있습니다. 그의 작품과 철학적 사상은 문학뿐만 아니라 종교적, 정치적 운동에도 영향을 미쳤습니다.

그럼 톨스토이와 관련된 주요 작품들을 몇 가지 알아볼게요.

1. 《전쟁과 평화(Война и мир)》

이 작품은 나폴레옹 전쟁 시기를 배경으로, 여러 귀족 가문과 그들이 겪는 개인적, 사회적 갈등을 서술하고 있어요. 톨스토이는 인간의 내면, 전쟁의 무의미함, 사회적 변화 등을 심도 있게 탐구했으며, 이 작품은 세계 문학의 걸작 중 하나로 손꼽히죠.

2. 《안나 카레니나(Анна Каренина)》

러시아 상류사회의 복잡한 관계와 개인의 내적 갈등을 그린 이 작품은 사랑, 배신, 가족 등을 주제로 합니다. 특히 안나 카레니나의 비극적 이야기는 인간의 감정과 사회적 규범 사이의 갈등을 탁월하게 묘사했어요. 이 소설은 전 세계적으로 가장 많이 읽히는 작품 중 하나입니다.

3. 《부활(воскресение)》

톨스토이의 후기 작품인 《부활》은 사회적 불의와 인간의 구원을 주제로 다루고 있어요. 한 귀족이 자신이 유린했던 여성의 삶을 반성하고, 그를 통해 도덕적 각성을 이루어가는 이야기를 통해 톨스토이는 인간성 회복과 사회적 정의를 강조합니다.

Урок 18

복습

Урок 13~17 복습하기

오늘의 주제

- 13 ~ 17강 내용 복습 & 말하기 연습
- 실전 테스트

MP3 바로 듣기

오늘의 복습 내용

Урок 13

☑ 형용사 기본형 어미 & 문법적 성(性) 구분

	남성(он)	여성(она́)	중성(оно́)
새로운	но́вый	но́вая	но́вое
예쁜/잘생긴	краси́вый	краси́вая	краси́вое

• 형용사 남성형+남성명사

Он но́вый студе́нт. 그는 새로운 학생이다. 수식

온 노븨 스뚜젠뜨

• 형용사 여성형+여성명사

Ма́ша краси́вая. 마샤는 예쁘다. 술어

마샤 끄라씨바야

• 형용사 중성형+중성명사

Э́то но́вое зда́ние. 이것은 새 건물이다. 수식

에따 노바예 즈다니예

Урок 14

☑ 형용사 특수형 어미 (1)

☑ 의문형용사 '어떤' 성 구분

	남성(он)	여성(она́)	중성(оно́)
큰	большо́й	больша́я	большо́е
어떤	како́й	кака́я	како́е

• 형용사 남성형 + 남성명사

Како́й э́то теа́тр? 이것은 어떤 극장이니?
까꼬이 에따 찌아뜨ㄹ

Э́то Большо́й теа́тр. 볼쇼이 극장이야.
에따 발쇼이 찌아뜨ㄹ

• 형용사 여성형 + 여성명사

Росси́я - больша́я страна́. 러시아는 큰 나라다.
라씨야 발샤야 스뜨라나

• 형용사 중성형 + 중성명사

Како́е э́то о́зеро? 이것은 어떤 호수니?
까꼬예 에따 오졔라

Э́то о́зеро Байка́л. 바이칼 호수야.
에따 오졔라 바이깔

Урок 15

☑ 형용사 특수형 어미 (2)

	남성(он)	여성(она́)	중성(оно́)
러시아의	ру́сский	ру́сская	ру́сское
한국의	коре́йский	коре́йская	коре́йское

• 형용사 남성형 + 남성명사

Ру́сский язы́к краси́вый. 러시아어는 아름답다.
루스끼 이즥 끄라씨븨

• 형용사 여성형 + 여성명사

Какáя э́то кýхня? 이것은 어떤 음식이니?
까까야 에따 꾸ㅎ냐

Э́то корéйская кýхня. 이것은 한국 음식이야.
에따 까례이스까야 꾸ㅎ냐

• 형용사 중성형 + 중성명사

Э́то нóвое рýсское кинó. 이것은 새로운 러시아 영화야.
에따 노바예 루스까예 끼노

Урок 16

- ☑ 1식 동사 변화형 어미
- ☑ 동사 '하다', '읽다' 활용

дéла -ть (하다)			
я	дéлаю	мы	дéлаем
ты	дéлаешь	вы	дéлаете
он/онá	дéлает	они́	дéлают

Что ты дéлаешь? 너는 뭐 하니?
쉬또 띄 젤라예쉬

Что он дéлает? 그는 뭐 하니?
쉬또 온 젤라예ㄸ

Что вы сейчáс дéлаете? 당신은 지금 무엇을 하시나요?
쉬또 븨 씨촤ㅆ 젤라예쩨

читá -ть (읽다)			
я	читáю	мы	читáем
ты	читáешь	вы	читáете
он/онá	читáет	они́	читáют

Я читáю журнáл.
야 취따유 주르날

나는 잡지를 읽는다.

Мы читáем ромáн.
믜 취따옘 라만

우리는 소설을 읽는다.

Что онá сейчáс дéлает?
쉬또 아나 씨촤ㅆ 젤라예ㄸ

그녀는 지금 무엇을 하나요?

Сейчáс онá читáет письмó.
씨촤ㅆ 아나 취따예ㄸ 삐ㅆ모

그녀는 지금 편지를 읽어요.

Урок 17

- ☑ 1식 동사 '알다' 활용
- ☑ 인칭대명사 대격 (목적어 표현)

зна -ть (알다)			
я	знáю	мы	знáем
ты	знáешь	вы	знáете
он/онá	знáет	они́	знáют

Я знáю áдрес.
야 즈나유 아드례ㅆ

나는 주소를 안다.

Они́ знáют мой секрéт.
아니 즈나유ㄸ 모이 씨끄례ㄸ

그들은 나의 비밀을 안다.

Мы не знáем твоё и́мя.
믜 니 즈나옘 뜨바요 이먀

우리는 너의 이름을 모른다.

인칭대명사 대격 (~을, 를)			
나를	меня́	우리를	нас
너를	тебя́	너희를/당신을	вас
그를/그녀를	его́/её	그들을	их

Ты зна́ешь меня́?
띄 즈나예쉬 미냐

너는 나를 아니?

Она́ зна́ет нас.
아나 즈나예ㄸ 나ㅆ

그녀는 우리를 안다.

Вы не зна́ете его́?
븨 니 즈나예쪠 이보

당신은 그를 모르나요?

보너스 표현

와! (놀라는 표현, 긍정적)

Ничего́ себе́!
니취**보** 씨**베**

말도 안 돼! 그럴 리 없어! (황당할 때)

Не мо́жет быть!
니 **모**줴ㄸ 븨ㅉ

어쩔 수 없지.

Ну, что ж(е).
누 쉬또 줴

1월

янва́рь
인**바**ㄹ

2월

февра́ль
피브**랄**

1 음성을 듣고 일치하는 단어를 보기에서 고르세요.

MP3

① Ⓐ подру́га Ⓑ поня́тно Ⓒ испа́нский Ⓓ молодо́й

② Ⓐ текст Ⓑ секре́т Ⓒ тру́дный Ⓓ сейча́с

③ Ⓐ уже́ Ⓑ ку́хня Ⓒ ста́рый Ⓓ кита́ец

2 다음 러시아어 문장의 우리말 뜻을 적어 보세요.

① Он но́вый студе́нт.

▶ ____________________

② Мы чита́ем рома́н.

▶ ____________________

③ Что она́ сейча́с де́лает?

▶ ____________________

④ Вы не зна́ете его́?

▶ ____________________

정답 p.270

3 제시된 우리말을 참고하여 다음 대화문을 완성해 보세요.

❶

Что э́то? Ⓐ ______________________________?

이게 뭐야? 이것은 어떤 호수야?

Э́то о́зеро Байка́л. Ⓑ ______________________________.

바이칼 호수야. 호수가 크고 예뻐.

❷

Ива́н Петро́вич! Ⓐ ______________________________?

이반 페트로비치씨! 당신은 여기에서 무엇을 하고 있나요?

Ⓑ ______________________________.

저는 스페인 잡지를 읽고 있어요.

Здо́рово! Ⓒ ______________________________?

멋지네요! 당신은 스페인어를 아시나요?

Да, Ⓓ ______________________________.

네, 저는 스페인어를 조금 알아요.

Урок 19

Ты бу́дешь слу́шать пе́сни?

노래 들을래?

오늘의 주제

- 1식 동사 '듣다' 활용
- 명사의 대격 변화 어미

오늘의 미션

☑ 마샤는 라디오를 듣는다.

☑ 너는 음악을 듣고 있니?

오늘의
단어

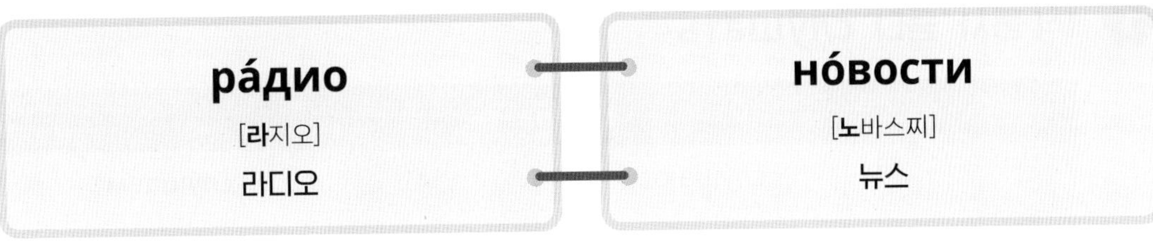
ра́дио
[라지오]
라디오
но́вости
[노바스찌]
뉴스

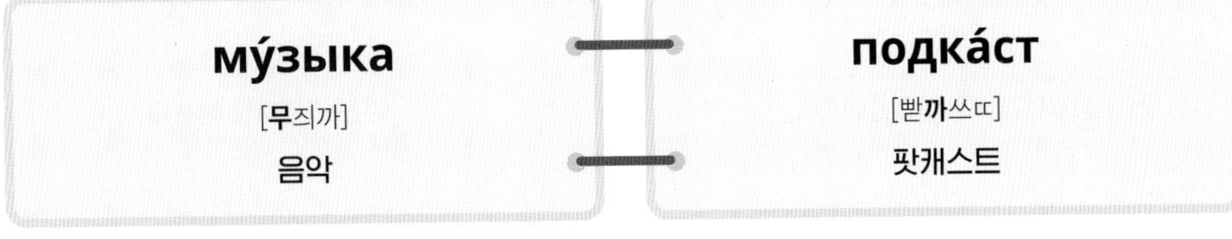
му́зыка
[무즤까]
음악
подка́ст
[빧까쓰뜨]
팟캐스트

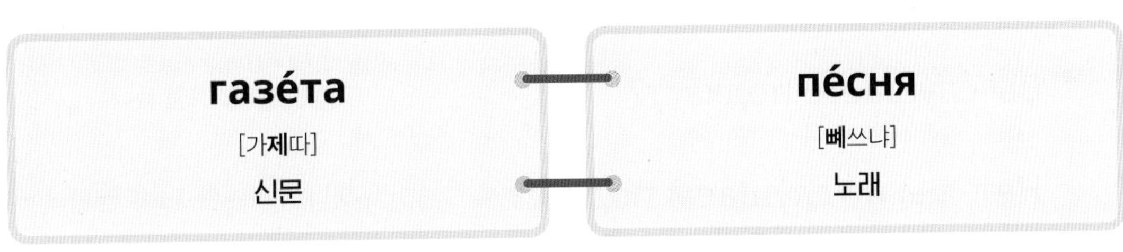
газе́та
[가제따]
신문
пе́сня
[뻬쓰냐]
노래

1 1식 동사 '듣다' слу́шать

слу́ша -ть			
я	слу́шаю	мы	слу́шаем
ты	слу́шаешь	вы	слу́шаете
он/она́	слу́шает	они́	слу́шают

Я слу́шаю ра́дио. 나는 라디오를 듣는다.
야 슬루샤유 라지오

Он слу́шает но́вости. 그는 뉴스를 듣는다.
온 슬루샤예ㄸ 노바스찌

Вы слу́шаете подка́ст? 너희는 팟캐스트를 듣니?
븨 슬루샤예쩨 빧까쓰ㄸ

Нет, мы не слу́шаем подка́ст. 아니, 우리는 팟캐스트 안 들어.
녯 믜 니 슬루샤옘 빧까쓰ㄸ

2 명사 대격 (~을, 를) 변화

- 문장에서 목적어 역할을 하는 명사의 변화
- 마지막 철자를 변화형 어미에 따라 바꿈
- 남성형과 중성형 명사는 동일!

❸ 여성 명사 대격 (~을, 를) 변화형 어미

여성 명사	- а	а	▶	у
	- я	я	▶	ю
	- ь	ь	▶	ь

Они́ слу́шают му́зыку. 그들은 음악을 듣는다.
아니 슬루샤유ㄸ 무즤꾸

Она́ слу́шает пе́сню. 그녀는 노래를 듣는다.
아나 슬루샤예ㄸ 뻬쓰뉴

Ты слу́шаешь му́зыку? 너 음악 듣고 있니?
띄 슬루샤예쉬 무즤꾸

Нет, я не слу́шаю му́зыку. 아니, 나 음악 안 들어.
녯 야 니 슬루샤유 무즤꾸

Сейча́с Ма́ша чита́ет кни́гу. 마샤는 지금 책을 읽고 있다.
씨촤ㅆ 마샤 취따예ㄸ 끄니구

Мы не чита́ем газе́ту. 우리는 신문을 읽지 않는다.
믜 니 취따옘 가제뚜

오늘의 핵심 표현

Что вы де́лаете? Вы слу́шаете пе́сню?
쉬또 븨 젤라예쪠 븨 슬루샤예쪠 뻬쓰뉴
당신은 뭐 하나요? 노래 들어요?

Нет, я чита́ю газе́ту.
녯 야 취따유 가제뚜
아뇨, 저는 신문 읽어요.

✔ 한국인들이 가장 잘 알고 있는 러시아 작곡가로 차이콥스키(Чайко́вский)를 꼽을 수 있습니다. 대표곡으로는 '백조의 호수', '호두까기 인형', '비창' 등 다양한 협주곡과 교향곡이 있습니다. 차이콥스키 외에도 라흐마니노프(Рахма́нинов), 쇼스타코비치(Шостако́вич)와 같은 세계적인 작곡가들 또한 러시아 출신입니다.

☆ 마샤는 라디오를 듣는다.

Ма́ша слу́шает ра́дио.
마샤 슬루샤예뜨 라지오

☆ 너는 음악을 듣고 있니?

Ты слу́шаешь му́зыку?
띄 슬루샤예쉬 무즤꾸

Ди́ма! Что ты слу́шаешь?
지마 쉬또 띄 슬루샤예쉬
지마야! 너는 무엇을 듣고 있니?

Я слу́шаю ру́сское ра́дио.
야 슬루샤유 루스까예 라지오
나는 러시아 라디오를 듣고 있어.

А что О́ля де́лает сейча́с?
아 쉬또 올랴 젤라예ㄸ 씨촤ㅆ
그러면 올랴는 지금 뭐 해?

Она́ чита́ет кни́гу и слу́шает му́зыку.
아나 취따예ㄸ 끄니구 이 슬루샤예ㄸ 무즤꾸
그녀는 책 읽으면서 음악 들어.

추가 단어

и [이] ~와, ~며, 그리고

3월

март
마르ㄸ

오늘의 연습문제

1 다음 밑줄 친 부분이 답이 될 수 있는 질문을 만들어 보세요.

① **A :** ____________________________________?

B : Они́ слу́шают подка́ст. (그들은 팟캐스트를 들어요.)

② **A :** ____________________________________?

B : Я чита́ю газе́ту. (나는 신문 읽어.)

③ **A :** ____________________________________?

B : Да, я зна́ю вас. (네, 저는 당신을 알아요.)

2 다음 각 문장에서 틀린 부분을 찾아 고쳐 보세요.

① Что друзья́ де́лает? (친구들은 뭐 하고 있니?)

▶ ____________________________________

② Мы слу́шаем пе́сня. (우리는 노래를 들어요.)

▶ ____________________________________

③ Она́ не зна́ет ты. (그녀는 너를 몰라.)

▶ ____________________________________

정답 p.270

동양의 파리, 블라디보스토크

블라디보스토크Владивосток는 러시아 극동의 주요 항구 도시로, 태평양과 접해 있는 아름다운 해안선과 국제적인 분위기를 자랑해요. '동양의 파리'라는 별명처럼 다양한 문화가 어우러져 독특한 매력을 발산하는 곳이죠.

먼저 금각만Золотой Рог은 블라디보스토크의 항구와 도시 중심을 가로막고 있는 반월 모양의 해양 지역인데, 산책로나 자전거 도로를 따라 펼쳐진 멋진 해안선과 환상적인 일몰을 즐길 수 있어요. 그리고 블라디보스토크의 중심지인 중앙광장Центральная площадь에서는 다양한 카페와 상점, 거리 공연을 즐길 수 있어 활기찬 분위기를 느낄 수 있어요. 이곳에는 블라디보스토크 시청과 전쟁 기념비 같은 주요 랜드마크도 있어 구경할 곳도 많답니다.

블라디보스토크의 전망을 한눈에 보고 싶다면 독수리 둥지 전망대Орлиное гнездо를 꼭 들러보세요. 블라디보스토크에서 가장 높은 지대에 위치한 이곳에서 바라보는 도시 전경과 바다 경치는 정말 멋지고, 사진 찍기에 완벽한 장소거든요.

마지막으로, 블라디보스토크 마린스키 극장Мариинский театр Владивосток에서 공연을 감상하며 블라디보스토크의 독특한 문화를 경험해 보세요. 이 극장은 극동 러시아의 대표적인 오페라 및 발레 공연장으로, 2013년에 개관하여 세계적인 수준의 공연을 선보이고 있어 관광객들에게 높은 인기를 끌고 있어요.

블라디보스토크는 러시아와 아시아의 경계에서 문화가 풍부하게 융합된 매력적인 도시로, 이곳을 방문하는 여행자들에게 다양한 경험과 잊지 못할 추억을 선사할 거예요!

블라디보스토크 여행 TIP

블라디보스토크의 특별한 매력 중 하나는 바로 해산물 요리예요. 이 도시의 식당에서는 신선한 해산물을 활용한 요리를 맛볼 수 있어요. 특히, 랍스터Лобстер와 굴Устрицы 같은 해산물 요리는 이 도시에서 꼭 맛봐야 할 별미랍니다.

Урок 20

Здесь зда́ния все но́вые.

여기 건물들이 다 새 거네.

오늘의 주제

• 명사의 복수형 어미 (남성/여성/중성)

오늘의 미션

☑ 명사의 복수형으로 바꾸기!

① 전등 (ла́мпа)

② 소파 (дива́н)

③ 창문 (окно́)

трамва́й
[뜨람**바**이]
전차(트램)

фестива́ль
[삐(f)스찌**발**]
축제

карти́на
[까르**찌**나]
그림

сло́во
[슬**로**바]
단어

тётя
[**쬬**쨔]
고모, 이모

собра́ние
[싸브**라**니예]
회의

1 명사 복수형 (남성 명사)

			단수		복수
남성 (он)	자음	자음 + ы	학생(남) студéнт 스뚜젠뜨	➡	학생들 студéнты 스뚜젠띄
			극장 теáтр 찌아뜨ㄹ	➡	극장들 теáтры 찌아뜨릐
	-й	й → и	박물관 музéй 무제이	➡	박물관들 музéи 무제이
			전차 трамвáй 뜨람바이	➡	전차들 трамвáи 뜨람바이
	-ь	ь → и	축제 фестивáль 삐(f)스찌발	➡	축제들 фестивáли 삐(f)스찌발리

2 명사 복수형 (여성 명사)

			단수		복수
여성 (онá)	-а	а → ы	학교 шкóла 슈꼴라	➡	학교들 шкóлы 슈꼴릐
			그림 картúна 까르찌나	➡	그림들 картúны 까르찌늬
	-я	я → и	노래 пéсня 뼤쓰냐	➡	노래들 пéсни 뼤쓰니
			이모(고모) тётя 쬬쨔	➡	이모(고모)들 тёти 쬬찌

	-ь	ь → и	문 дверь 드볘ㄹ	➡	문들 двéри 드볘리

3 명사 복수형 (중성 명사)

중성 (онó)	-о	о → а	편지 письмó 삐쓰모	➡	편지들 пи́сьма 삐쓰마
			단어 слóво 슬로바	➡	단어들 словá 슬라바
	-е	е → я	건물 здáние 즈다니예	➡	건물들 здáния 즈다니야
	-мя	мя → менá	이름 и́мя 이먀	➡	이름들 именá 이미나

Я студе́нтка.
야 스뚜젠뜨까
나는 대학생이야.

Я то́же студе́нт. Мы о́ба студе́нты.
야 또줴 스뚜젠뜨 믜 오바 스뚜젠띄
나도 대학생이야. 우리는 둘 다 대학생(들)이야.

추가 단어 о́ба [오바] 양쪽, 둘 다

✔ '대학생'처럼 남자, 여자를 구분하는 직업을 나타내는 명사의 복수형(대학생들)은 남성 명사의 복수형을 씁니다.

☆ 명사의 복수형으로 바꾸기!

① 전등
ла́мпа - ла́мпы
람빠 람삐

② 소파
дива́н - дива́ны
지반 지바늬

③ 창문
окно́ - о́кна
아끄노 오끄나

Здра́вствуйте!
즈드라스뜨부이쩨
안녕하세요!

Здра́вствуйте!
즈드라스뜨부이쩨
안녕하세요!

Вы студе́нты?
븨 스뚜젠띄
대학생(들)인가요?

Нет, мы не студе́нты. А вы?
녯 믜 니 스뚜젠띄 아 븨
아니요, 우리는 대학생(들)이 아니에요. 당신은요?

4월
апре́ль
아쁘렐

1 다음 주어진 명사를 복수형으로 바꿔 보세요.

단수형	복수형	단수형	복수형
банáн (바나나)	❶	мéсто (장소)	❷
музéй (박물관)	❸	пéсня (노래)	❹
актри́са (여배우)	❺	собрáние (회의)	❻

2 다음 중 명사의 복수형이 아닌 것을 고르세요.

Ⓐ именá Ⓑ двéри Ⓒ здáния Ⓓ тётя

3 다음 중 명사의 복수형이 잘못 표기된 것을 고르세요.

Ⓐ студéнты Ⓑ теáтры Ⓒ трамвáы Ⓓ фестивáли

4 다음 중 명사의 복수형이 올바르게 표기된 것을 고르세요.

Ⓐ шкóля Ⓑ карти́ни Ⓒ пи́сьмена Ⓓ словá

정답 p.271

제시된 우리말을 참고하여, 낱말 퍼즐 안에 숨어있는 8가지 단어를 찾아 보세요.

ф	ч	д	в	т	ю	п	з	щ	с
е	м	р	á	д	и	о	л	к	е
с	л	ó	в	о	ц	ж	н	х	к
т	й	к	я	ё	ч	у	б	г	р
и	н	е	м	н	ó	г	о	э	é
в	р	т	л	щ	х	а	ф	ы	т
á	г	н	ц	м	ý	з	ы	к	а
л	м	с	б	з	п	é	ш	в	р
ь	ц	ю	д	т	ё	т	я	м	й
ш	з	ж	к	г	ф	а	с	я	н

❶ 라디오	❺ 축제
❷ 음악	❻ 단어
❸ 신문	❼ 고모, 이모
❹ 조금, 약간	❽ 비밀

정답 p.275

Урок 21

Вы ещё ма́ленькие.

너희는 아직 애들이야.

오늘의 주제

• 명사의 복수 특수형

오늘의 미션

☑ 다음 명사 복수형의 틀린 부분 찾기!

① 집들 (домы)

② 의자들 (стулы)

③ 가방들 (сумкы)

④ 사람들 (человекы)

MP3 바로 듣기

오늘의 단어

врач
[브라ㅊ]
의사

глаз
[글라ㅆ]
눈

челове́к
[췰라벡]
사람

ребёнок
[리뵤낙]
아이

шко́льник
[슈꼴닉]
(초, 중, 고) 남학생

шко́льница
[슈꼴니짜]
(초, 중, 고) 여학생

1 명사 복수형 어미

남성(он)	여성(онá)	중성(онó)
자음 (+ы)	-а (ы)	-о (а)
-й (и)	-я (и)	-е (я)
-ь (и)	-ь (и)	-мя (менá)
ы / и		а / я / менá

주의 반드시 기억해야 할 철자 규칙 : 7가지 자음 뒤에는 ы가 아니라 и가 와야 한다!

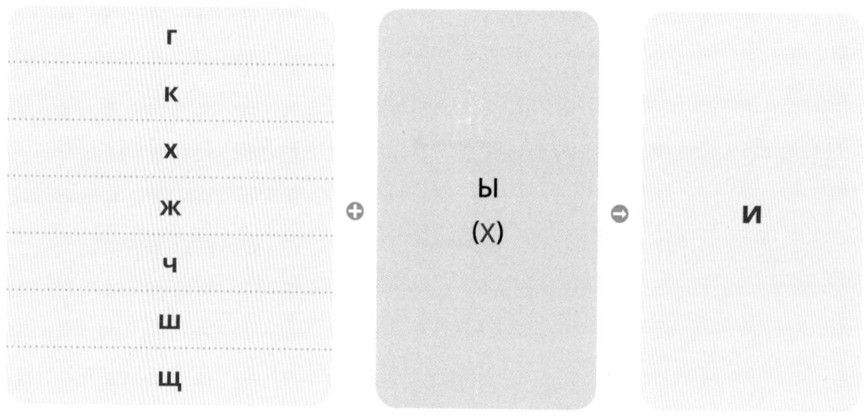

수업 урóк 우록	→	수업들 урóки 우로끼	의사 врач 브라ㅊ	→	의사들 врачи́ 브라취
책 кни́га 끄니가	→	책들 кни́ги 끄니기	학생(여) студéнтка 스뚜젠뜨까	→	학생들 студéнтки 스뚜젠뜨끼

2 명사 복수 특수형

1) 자음+á

집 **дом** 돔	➡	집들 **домá** 다마	도시 **гóрод** 고라ㄸ	➡	도시들 **городá** 가라다
눈(단수) **глаз** 글라ㅆ	➡	눈(복수) **глазá** 글라자			

주의 강세는 반드시 á에 온다!

2) 자음+ья

형제 **брат** 브라ㄸ	➡	형제들 **брáтья** 브라ㅉ야	의자 **стул** 스뚤	➡	의자들 **стýлья** 스뚤랴
친구 **друг** 드루ㄲ	➡	친구들 **друзья́** 드루ㅈ야			

3) 전혀 다른 형태

사람 **человéк** 칠라볚	➡	사람들 **лю́ди** 류지	아이 **ребёнок** 리뵤낙	➡	아이들 **дéти** 제찌

오늘의 핵심 표현

О́чень прия́тно! Вы бра́тья?

오췬 쁘리야뜨나 븨 브라쯔야

만나서 반가워! 너희는 형제니?

Нет, мы друзья́.

녯 믜 드루ㅈ야

아냐, 우리는 친구야.

✔ 일상 대화에서 자주 사용하는 단어인 '형제, 친구'의 복수형을 특수형이 아닌 일반적인 복수 규칙어미(браты, другы)로 바꾸는 실수를 하기가 쉽습니다. 특별히 주의해 주세요.

☆ 다음 명사 복수형의 틀린 부분 찾기!

① 집들 (домы → дома́)
② 의자들 (стулы → сту́лья)
③ 가방들 (сумкы → су́мки)
④ 사람들 (человекы → лю́ди)

Что де́лают шко́льники?
쉬또 젤라유ㄸ 슈꼴니끼
남학생들은 뭐 하고 있니?

Они́ чита́ют кни́ги.
아니 취따유ㄸ 끄니기
책 읽고 있어.

А (что де́лают) шко́льницы?
아 쉬또 젤라유ㄸ 꼴니찌
그럼 여학생들은?

Они́ ничего́ не де́лают.
아니 니취보 니 젤라유ㄸ
아무것도 안하고 있어.

추가 단어

ничего́ [니취**보**] 아무것도

5월
май
마이

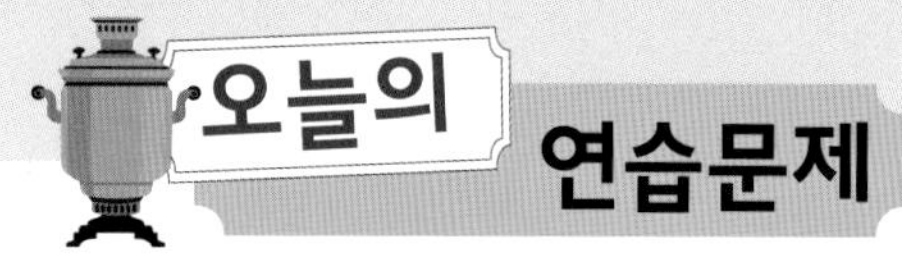

1 주어진 한국어 뜻을 보고 단수형과 복수형을 모두 써 보세요.

① 사람 ▶ 단수: ______ 복수: ______

② 도시 ▶ 단수: ______ 복수: ______

③ 친구 ▶ 단수: ______ 복수: ______

2 다음 각 보기의 복수형에서 틀린 부분을 찾아 올바르게 고쳐 보세요.

① соба́ка : соба́кы ▶ ______

② ребёнок : ребёнкы ▶ ______

③ стул : сту́ли ▶ ______

정답 p.271

러시아의 전통 공예품

여러분은 러시아에 여행을 가면 어떤 기념품을 구입하고 싶나요? 러시아는 풍부한 역사와 전통을 반영한 독특한 공예품이 많아서 기념품을 선택하는 재미가 쏠쏠해요. 여러분들에게 몇 가지 추천할 만한 러시아 전통 공예품을 소개합니다!

1. 마트료시카 인형(матрёшка)

마트료시카는 19세기 말 러시아에서 시작된 대표적인 공예품으로, 여러 개의 나무 인형이 서로 속에 들어가는 형태입니다. 보통 여성의 전통 복장을 입고 있으며, 각 인형은 다양한 디자인과 색상으로 장식되어 있어요.

2. 조스토브 쟁반(Жостовские подносы)

조스토브 쟁반은 19세기 중반 러시아의 조스토브 마을에서 시작된 공예품으로, 독특한 장식과 화려한 디자인이 특징입니다. 이 쟁반은 금속과 유성 페인트를 사용해서 만드는데, 보통 검정색 배경에 화려한 꽃무늬와 식물 모티프가 그려져 있어요.

3. 파베르제의 달걀(яйцо Фаберже)

파베르제의 달걀은 달걀 모양의 장신구로, 고급스러운 보석과 금속 장식이 특징입니다. 각 달걀은 독특한 디자인과 장식으로 만들어지며, 내부에는 작은 장신구나 기념품이 숨겨져 있는 경우도 많아요. 주로 장식용으로 사용되며, 고급스러운 선물이나 기념품으로 인기가 많습니다.

4. 러시아 래커 상자

나무로 만든 상자에 전통적인 러시아 그림이나 장식을 손으로 그린 것입니다. 주로 장식용으로 사용되며, 섬세한 그림과 장식이 특징입니다. 일반적으로 러시아의 민속 이야기, 전통적인 풍경, 또는 동화와 같은 주제를 그린 그림이 포함됩니다.

Урок 22

Ты прекрáсно говори́шь по-ру́сски!

너 러시아어 진짜 잘 한다!

오늘의 주제

- 2식 동사 어미, 동사 '말하다' 활용
- '~외국어로' 부사구 표현 / 정도 부사

오늘의 미션

☑ 너희는 러시아어로 말할 수 있니?

☑ 응, 우리는 러시아어로 훌륭하게 말해.

хорошó
[하라쇼]
좋다

плóхо
[쁠로하]
나쁘다

прекрáсно
[쁘리끄라쓰나]
아주 좋다

отли́чно
[아뜰리취나]
훌륭하다

англи́йский
[안글리스끼]
영국의

япóнский
[이뽄스끼]
일본의

1 2식 동사 변화형 어미

я	-ю	мы	-им
ты	-ишь	вы	-ите
он/она́	-ит	они́	-ят

주의 동사원형에서 -ить/-еть를 떼어 내고 변화형 어미를 붙임!

2 2식 동사 '말하다' говори́ть

говор -и́ть			
я	говорю́	мы	говори́м
ты	говори́шь	вы	говори́те
он/она́	говори́т	они́	говоря́т

3 한국어와 러시아어의 표현 비교

한국어	나는	**러시아어를**	말한다.
		▼	
러시아어	나는	러시아어로 (부사구)	말한다.

4 '~외국어'와 '~외국어로' 표현 비교

	외국어	외국어로
러시아어	ру́сский язы́к	по-ру́сски
한국어	коре́йский язы́к	по-коре́йски
영어	англи́йский язы́к	по-англи́йски

주의 '~외국어로' 표현에서 'по'에는 절대 강세가 오지 않으므로, 항상 '빠'로 발음해야 합니다.

5 2식 동사 '말하다' говори́ть 예문

Я говорю́ по-ру́сски.
야 가바류 빠루스끼
나는 러시아어로 말한다.

Он не говори́т по-ру́сски.
온 니 가바리뜨 빠루스끼
그는 러시아어로 말 못한다.

Вы говори́те по-англи́йски?
븨 가바리쩨 빠안글리스끼
너희는 영어로 말할 수 있니?

Да, мы говори́м по-англи́йски.
다 믜 가바림 빠안글리스끼
응, 우리는 영어로 말할 수 있어.

6 정도 부사

хорошо́	좋게, 잘 (good)	пло́хо	나쁘게, 서투르게 (bad)
прекра́сно	아주 잘 (very good)	отли́чно	훌륭하게 (excellent)

Ты хорошо́ говори́шь по-коре́йски!
띄 하라쇼 가바리쉬 빠까레이스끼
너는 한국어로 잘 말하는구나!

Ма́ша отли́чно говори́т по-ру́сски.
마샤 아뜰리취나 가바리뜨 빠루스끼
마샤는 러시아어로 훌륭하게 말한다.

Студе́нты пло́хо говоря́т по-англи́йски.
스뚜젠띄 쁠로하 가바랴뜨 빠안글리스끼
학생들은 영어로 서투르게 말한다.

Ты слу́шаешь ру́сское ра́дио.
띄 슬루샤예쉬 루스까예 라지오

Ты зна́ешь ру́сский язы́к?
띄 즈나예쉬 루스끼 이직

러시아 라디오를 듣고 있네. 너는 러시아어를 알아?

Да, хорошо́ зна́ю.
다 하라쇼 즈나유

И прекра́сно говорю́ по-ру́сски.
이 쁘리끄라스나 가바류 빠루스끼

응, 나 잘 알아. 그리고 러시아어로 아주 잘 말해.

✔ 앞서 배운 동사들인 '알다, 읽다, 말하다, 듣다' 모두 외국어와 관련된 동사로 표현됩니다. 그런데 한국어 해석과 달라 헷갈릴 수 있어요. знать(알다) 동사 뒤에는 '한국어, 러시아어' 등 직접적으로 목적어를 쓸 수 있습니다. 그러나 чита́ть(읽다), говори́ть(말하다), слу́шать(듣다) 동사는 '외국어'가 아닌 '~외국어로' 표현과 함께 써야 합니다.

☆ 너희는 러시아어로 말할 수 있니?

Вы говори́те по-ру́сски?
븨 가바리쩨 빠루스끼

☆ 응, 우리는 러시아어로 훌륭하게 말해.

Да, мы отли́чно говори́м по-ру́сски.
다 믜 아뜰리취나 가바림 빠루스끼

Ты говори́шь по-англи́йски?

띄 가바리쉬 빠안글리스끼

너는 영어로 말할 수 있니?

Нет, я говорю́ то́лько по-ру́сски.

녯 야 가바류 똘까 빠루스끼

아니, 나는 러시아어로만 말할 수 있어.

А ты зна́ешь япо́нский язы́к?

아 띄 즈나예쉬 이뽄스끼 이쥑

그러면 너는 일본어를 아니?

Да, зна́ю. Но пло́хо говорю́ по-япо́нски.

다 즈나유 노 쁠로하 가바류 빠이뽄스끼

응, 알아. 하지만 일본어로 말은 잘 못해.

추가 단어

по-япо́нски [빠이뽄스끼] 일본어로

보너스 표현

6월

ию́нь

이윤

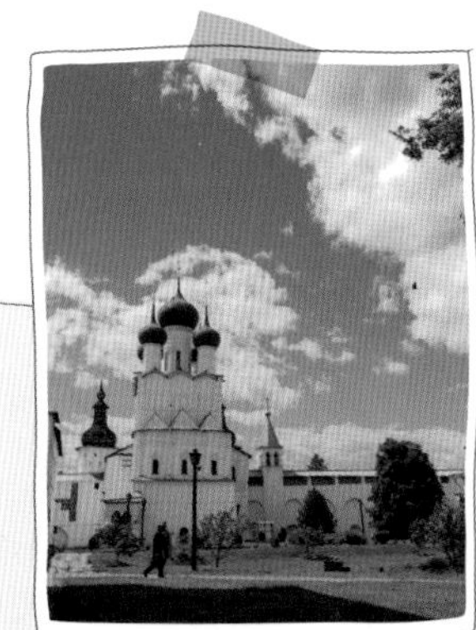

오늘의 연습문제

1 다음은 говори́ть(말하다) 동사의 변화표입니다. 빈칸을 채워 보세요.

я	говорю́	мы	говори́м
ты	❶	вы	❷
он/она́	говори́т	они́	❸

2 다음 한국어 문장을 러시아어로 바꿔 보세요.

❶ 너 영어로 아주 잘 말한다!

▶ ______________________________

❷ 그들은 한국어로 말을 못한다.

▶ ______________________________

❸ 너희는 일본어를 잘 아니?

▶ ______________________________

정답 p.271

아래 가로 세로 낱말 퀴즈를 풀어 보세요!

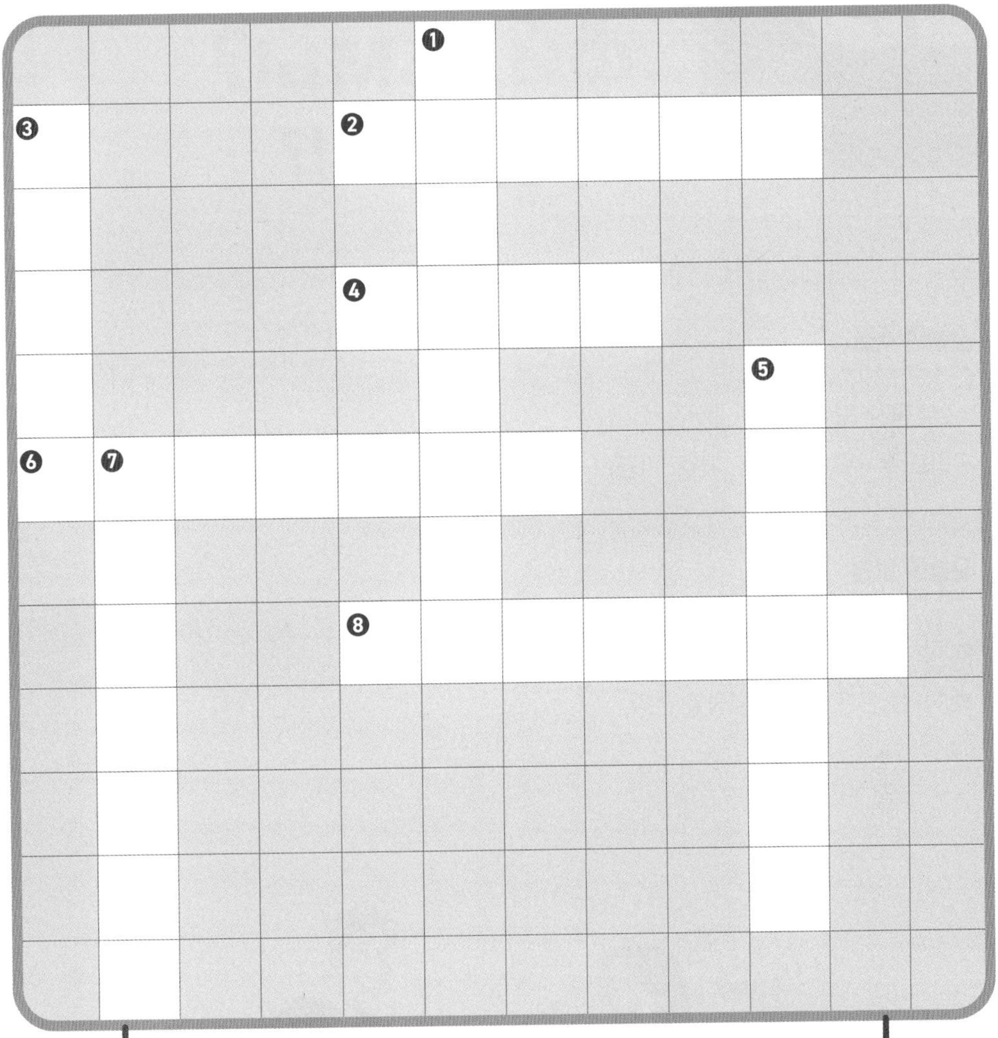

세로 열쇠	가로 열쇠
❶ 회의	❷ 좋다
❸ 나쁘다	❹ 의사
❺ 사람	❻ 훌륭하다
❼ 전차	❽ 아이

정답 p.275

Урок 23

Ты ча́сто смо́тришь фи́льмы?

영화 자주 보니?

오늘의 주제

- 2식 동사 '보다' 활용
- 빈도 부사 (항상, 보통, 자주, 가끔)

오늘의 미션

☑ 마샤는 가끔 발레를 본다.

☑ 아이들은 자주 만화영화를 본다.

MP3 바로 듣기

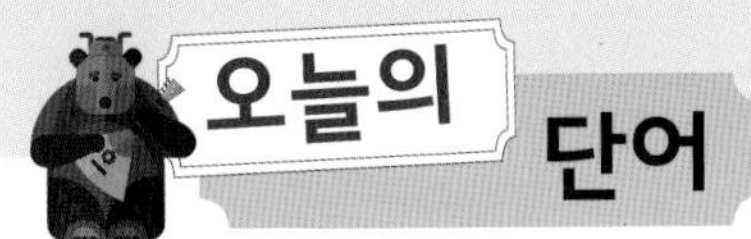

телеви́зор
[찔리**비**자ㄹ]
텔레비전

бале́т
[발**례**ㄸ]
발레

спекта́кль
[스삑**따**끌]
공연

но́вости
[**노**바스찌]
뉴스

телесериа́лы
[찔리씨리**알**리]
드라마

мультфи́льмы
[물ㄸ**필**르믜]
만화영화

1 2식 동사 '보다' смотре́ть

смотр -е́ть			
я	смотрю́	мы	смо́трим
ты	смо́тришь	вы	смо́трите
он/она́	смо́трит	они́	смо́трят

주의 강세 이동 주의!

Я смотрю́ телеви́зор.
야 스마뜨류 찔리비자ㄹ

나는 TV를 본다.

Сейча́с брат смо́трит но́вости.
씨촤ㅆ 브라ㄸ 스모뜨리ㄸ 노바스찌

형은 지금 뉴스를 본다.

Что де́ти де́лают?
쉬또 제찌 젤라유ㄸ

아이들은 뭐 하니?

Они́ смо́трят мультфи́льмы.
아니 스모뜨랴ㄸ 물ㄸ필르믜

아이들은 만화 영화를 보고 있어.

2 빈도 부사

всегда́	항상	обы́чно	보통
ча́сто	자주	иногда́	가끔

Мы ча́сто смо́трим бале́т.
미 좌스따 스모뜨림 발례ㄸ

우리는 자주 발레를 본다.

Ма́ма всегда́ смо́трит телесериа́лы.
마마 f씨그다 스모뜨리ㄸ 찔리씨리알릐

엄마는 항상 드라마를 보신다.

Что ты обы́чно смо́тришь?
쉬또 띄 아븨치나 스모뜨리쉬

너는 보통 무엇을 보니?

обы́чно я смотрю́ спекта́кль.
아븨치나 야 스마뜨류 스뻭따끌

보통 나는 공연을 봐.

У́тром он всегда́ чита́ет газе́ты.
우뜨람 온 f씨그다 취따예ㄸ 가제띄

아침에 그는 항상 신문을 읽는다.

Лю́ди иногда́ слу́шают ра́дио.
류지 이나그다 슬루쌰유ㄸ 라지오

사람들은 가끔 라디오를 듣는다.

Вы всегда́ смо́трите телеви́зор.
븨 f씨그다 스모뜨리쪠 찔리비자ㄹ

Что (вы) обы́чно смо́трите?
쉬또 븨 아븨치나 스모뜨리쪠

당신은 항상 TV를 보네요. 주로 뭘 보시나요?

Обы́чно я смотрю́ но́вости и телесериа́лы.
아븨치나 야 스마뜨류 노바스찌 이 찔리씨리알릐

보통 저는 뉴스와 드라마를 봐요.

✔ 러시아어는 타 언어에 비해 어순이 비교적 자유로운 편입니다. 빈도 부사의 경우에도 보통 주어와 동사 사이에 두거나 문장의 맨 앞에 위치하기도 합니다. 한국어 해석과 자연스럽게 연결되므로 문장을 만들 때 크게 어렵지 않을 겁니다.

☆ 마샤는 가끔 발레를 본다.

Ма́ша иногда́ смо́трит бале́т.
마샤 이나그다 스모뜨리ㄸ 발례ㄸ

☆ 아이들은 자주 만화영화를 본다.

Де́ти ча́сто смо́трят мультфи́льмы.
제찌 촤스따 스모뜨랴ㄸ 물ㄸ필르믜

오늘의 실전 회화

Что ты де́лаешь сейча́с?
쉬또 띄 젤라예쉬 씨촤ㅆ
너 지금 뭐 하고 있어?

До́ма смотрю́ но́вости.
도마 스마뜨류 노바스찌
집에서 뉴스 봐.

Но́вости? Не ску́чно?
노바스찌 니 스꾸슈나
뉴스? 지루하지 않아?

Нет, интере́сно!
녯 인찌례쓰나
Ве́чером всегда́ смотрю́ но́вости.
볘체람 f씨그다 스마뜨류 노바스찌
아니, 재미있어! 나는 저녁에 항상 뉴스를 봐.

추가 단어

ску́чно [스꾸슈나] 지루하다, 따분하다
интере́сно [인찌례쓰나] 재미있다, 흥미롭다

보너스 표현

7월
иЮ́ль
이율

1 괄호 안에 있는 동사를 주어에 맞게 적절하게 바꿔 문장을 완성해 보세요.

① Мы [слу́шать] му́зыку. (우리는 음악을 듣는다.)

▶ ____________________

② Ка́тя [смотре́ть] спекта́кль. (까쨔는 공연을 본다.)

▶ ____________________

③ Вы [чита́ть] журна́л? (당신은 잡지를 읽나요?)

▶ ____________________

④ Друзья́ [говори́ть] по-ру́сски. (친구들은 러시아어로 말한다.)

▶ ____________________

2 한국어 뜻을 보고 빈칸에 알맞은 빈도 부사를 적어 보세요.

① Я ____________ слу́шаю подка́ст.

(나는 가끔 팟캐스트를 듣는다.)

② Что ____________ де́лает твой брат?

(너의 형은 보통 무엇을 하니?)

정답 p.271

러시아의 위대한 작곡가, 차이콥스키

Урок 19에서 배운 차이콥스키, 기억하나요? 표트르 일리치 차이콥스키Пётр Ильич Чайковский는 19세기 러시아를 대표하는 작곡가로, 그의 작품들은 전 세계적으로 많은 사랑받고 있어요. 그는 서유럽 음악 스타일과 러시아 전통 음악을 결합하여 독특한 음악 세계를 만들어냈고, 이는 그 당시와 현재까지 많은 사람들에게 큰 영향을 끼쳤습니다.

차이콥스키는 주로 발레 음악과 교향곡으로 잘 알려져 있으며, 그의 작품들은 종종 강렬한 감정을 표현하고 복잡한 음악적 구조를 갖추고 있습니다. 그는 뛰어난 멜로디 작곡가로서, 감성적이고 드라마틱한 음악을 통해 청중의 마음을 사로잡았어요. 특히, 개인적인 고뇌와 감정의 깊이를 음악으로 표현하는 데 탁월했죠.

자, 이제 여러분들에게 차이콥스키의 주요 작품 몇 가지를 소개할게요.

1. 호두까기 인형(Щелкунчик)

크리스마스 시즌에 특히 사랑받는 이 발레 음악은 환상적인 동화와 아름다운 음악으로 많은 이들을 매료시킵니다. 차이콥스키의 마법 같은 선율이 가득한 이 작품은 발레의 클래식 중 하나로, 언제 들어도 즐거움을 줍니다.

2. 백조의 호수(Лебединое озеро)

차이콥스키의 대표작인 이 발레는 비극적인 사랑 이야기와 함께 아름다운 음악이 빛나는 작품이에요. 백조와 공주, 악마의 이야기가 음악과 춤으로 펼쳐지는데, 이 작품을 통해 차이콥스키의 뛰어난 작곡 솜씨를 느낄 수 있어요.

3. 교향곡 6번, 비창

차이콥스키의 마지막 교향곡으로, 깊은 감정과 드라마틱한 표현이 돋보여요. '비창'이라는 제목이 말해주듯, 우울하면서도 진지한 감정을 잘 담아내어 그의 내면적인 음악 세계를 보여줍니다.

Урок 24

Урок 19~23 복습하기

오늘의 주제

• 19 ~ 23강 내용 복습 & 말하기 연습

• 실전 테스트

오늘의 복습 내용

Урок 19
- ☑ 1식 동사 '듣다' 활용
- ☑ 여성 명사의 대격 변화 어미

слу́ша -ть (듣다)			
я	слу́шаю	мы	слу́шаем
ты	слу́шаешь	вы	слу́шаете
он/она́	слу́шает	они́	слу́шают

Я слу́шаю ра́дио. 나는 라디오를 듣는다.
야 슬루샤유 라지오

Она́ слу́шает но́вости. 그녀는 뉴스를 듣는다.
아나 슬루샤예뜨 노바스찌

• 여성 명사의 대격 변화 어미

주격	- а	- я	- я
대격	у	ю	ь

Мы слу́шаем му́зыку. 우리는 음악을 듣는다.
믜 슬루샤옘 무즤꾸

Ты слу́шаешь пе́сню? 너 노래를 듣고 있니?
띄 슬루샤예쉬 뻬쓰뉴

Урок 20 ☑ 명사의 복수형 어미 (남성/여성/중성)

남성(он)	자음	자음 + ы	학생(남) студе́нт 스뚜젠뜨	➜	학생들 студе́нты 스뚜젠띄
	-й	й → и	박물관 музе́й 무제이	➜	박물관들 музе́и 무제이
	-ь	ь → и	축제 фестива́ль 삐(f)스찌발	➜	축제들 фестива́ли 삐(f)스찌발리
여성(она́)	-а	а → ы	학교 шко́ла 슈꼴라	➜	학교들 шко́лы 슈꼴릐
	-я	я → и	노래 пе́сня 뼤쓰냐	➜	노래들 пе́сни 뼤쓰니
	-ь	ь → и	문 дверь 드볘ㄹ	➜	문들 две́ри 드볘리
중성(оно́)	-о	о → а	단어 сло́во 슬로바	➜	단어들 слова́ 슬라바
	-е	е → я	건물 зда́ние 즈다니예	➜	건물들 зда́ния 즈다니야
	-мя	мя → мена́	이름 и́мя 이먀	➜	이름들 имена́ 이미나

Урок 21 ☑ 명사의 복수 특수형

• 반드시 기억해야 할 철자 규칙

г к х ж ч ш щ	⊕	~~ы~~ → и

수업 уро́к 우롴	➜	수업들 уро́ки 우로끼	의사 врач 브라ㅊ	➜	의사들 врачи́ 브라취
책 кни́га 끄니가	➜	책들 кни́ги 끄니기	학생(여) студе́нтка 스뚜젠뜨까	➜	학생들 студе́нтки 스뚜젠뜨끼

① 자음 + á

집 дом 돔	➜	집들 дома́ 다마	도시 го́род 고라ㄸ	➜	도시들 города́ 가라다

② 자음 + ья

형제 брат 브라ㄸ	➜	형제들 бра́тья 브라쨔	친구 друг 드루ㄲ	➜	친구들 друзья́ 드루ㅈ야

③ 전혀 다른 형태

사람 челове́к 칠라볚	➜	사람들 лю́ди 류지	아이 ребёнок 리뵤낰	➜	아이들 де́ти 제찌

Урок 22

- ☑ 2식 동사 어미, 동사 '말하다'
- ☑ '~외국어로' 부사구
- ☑ 정도 부사

говор -и́ть (말하다)			
я	говорю́	мы	говори́м
ты	говори́шь	вы	говори́те
он/она́	говори́т	они́	говоря́т

	외국어	외국어로
러시아어	ру́сский язы́к	по-ру́сски
한국어	коре́йский язы́к	по-коре́йски
영어	англи́йский язы́к	по-англи́йски

Я говорю́ по-ру́сски. 나는 러시아어로 말한다.
야 가바류 빠루스끼

Он не говори́т по-коре́йски. 그는 한국어로 말 못한다.
온 니 가바리ㄸ 빠까례이스끼

• **정도 부사**

хорошо́	좋게, 잘 (good)	пло́хо	나쁘게, 서투르게 (bad)
прекра́сно	아주 잘 (very good)	отли́чно	훌륭하게 (excellent)

Ты хорошо́ говори́шь по-англи́йски! 너는 영어로 잘 말하는구나!
띄 하라쇼 가바리쉬 빠안글리스끼

Студе́нты отли́чно говоря́т по-ру́сски. 학생들은 러시아어로 훌륭하게 말한다.
스뚜젠띄 아뜰리취나 가바랴ㄸ 빠루스끼

Урок 23

☑ 2식 동사 '보다' 활용
☑ 빈도 부사

смотр -éть (보다)			
я	смотрю́	мы	смо́трим
ты	смо́тришь	вы	смо́трите
он/она́	смо́трит	они́	смо́трят

Я смотрю́ телеви́зор. 나는 TV를 본다.
야 스마뜨류 찔리비자ㄹ

Мы смо́трим но́вости. 우리는 뉴스를 본다.
믜 스모뜨림 노바스찌

• 빈도 부사

всегда́	항상	обы́чно	보통
ча́сто	자주	иногда́	가끔

Ты ча́сто смо́тришь бале́т? 너는 자주 발레를 보니?
띄 촤스따 스모뜨리쉬 발례ㄸ

Лю́ди иногда́ смо́трят телесериа́лы. 사람들은 가끔 드라마를 본다.
류지 이나그다 스모뜨랴ㄸ 찔리씨리알릐

보너스 표현

3월
март
마르ㄸ

4월
апре́ль
아쁘렐

5월
май
마이

6월
ию́нь
이윤

7월
ию́ль
이율

실전 TEST

1 음성을 듣고 일치하는 단어를 보기에서 고르세요. MP3

❶ Ⓐ но́вости Ⓑ подка́ст Ⓒ газе́та Ⓓ ра́дио

❷ Ⓐ спекта́кль Ⓑ бале́т Ⓒ мультфи́льмы Ⓓ телеви́зор

❸ Ⓐ глаз Ⓑ ничего́ Ⓒ прекра́сно Ⓓ обы́чно

2 다음 러시아어 문장의 우리말 뜻을 적어 보세요.

❶ Я говорю́ по-ру́сски.

▶ ______________________

❷ Мы смо́трим но́вости.

▶ ______________________

❸ Ты ча́сто смо́тришь бале́т?

▶ ______________________

❹ Я чита́ю кни́гу и слу́шаю му́зыку.

▶ ______________________

정답 p.271

3 제시된 우리말을 참고하여 다음 대화문을 완성해 보세요.

❶

Что вы де́лаете? Ⓐ ______________________?

당신은 뭐 하나요? 노래 들어요?

Ⓑ ______________________.

아뇨, 저는 신문 읽어요.

❷

Ⓐ ______________________?

너는 영어로 말할 수 있니?

Нет, Ⓑ ______________________.

아니, 나는 러시아어로만 말할 수 있어.

А Ⓒ ______________________?

그러면 너는 일본어를 아니?

Да, зна́ю. Ⓓ ______________________.

응, 알아. 하지만 일본어로 말은 잘 못해.

Урок 25

Что ты де́лал вчера́?

너 어제 뭐 했어?

오늘의 주제

• 동사의 과거 시제

오늘의 미션

☑ 당신은 그저께 뭐 했나요?

☑ 저는 잡지도 읽고, 팟캐스트를 들었어요.

오늘의 단어

вчера́
[f취라]
어제

позавчера́
[빠자f취라]
그저께

ра́ньше
[란쉐]
예전에

фильм
[필름]
영화

про́сто
[쁘로스따]
그냥, 단순히

сиде́ть
[씨졔쯔]
앉아 있다

1 러시아어 동사의 과거 시제

- 주어에 따라 과거형 어미(-л, -ла, -ло, -ли)를 붙임!
- 주어가 я / ты 인 경우 남성형, 여성형 어미 나뉨
- 주어가 вы 인 경우 무조건 복수형 어미!

де́лать			
(남성) л	(여성) ла	(중성) ло	(복수) ли
де́лал	де́лала	де́лало	де́лали

주의 주어에 따라 과거형 어미를 붙임!

Что он де́лал вчера́?
쉬또 온 젤랄 f취라

그는 어제 뭐 했니?

Что она́ де́лала вчера́?
쉬또 아나 젤랄라 f취라

그녀는 어제 뭐 했니?

Что ты де́лал позавчера́?
쉬또 띄 젤랄 빠자f취라

너는 그저께 뭐 했니? (상대방 : 남)

Что вы де́лали позавчера́?
쉬또 븨 젤랄리 빠자f취라

당신은(너희는) 그저께 뭐 했나요?

	남성	여성	중성	복수
하다	де́лал	де́лала	де́лало	де́лали
읽다	чита́л	чита́ла	чита́ло	чита́ли
듣다	слу́шал	слу́шала	слу́шало	слу́шали
말하다	говори́л	говори́ла	говори́ло	говори́ли
보다	смотре́л	смотре́ла	смотре́ло	смотре́ли

Я чита́ла рома́н.
야 취딸라 라만

나는 소설을 읽었다. (화자 : 여)

Вчера́ мы слу́шали му́зыку.
f취라 믜 슬루샬리 무즤꾸

어제 우리는 음악을 들었다.

Ра́ньше я пло́хо говори́л по-ру́сски.
란쉐 야 쁠로하 가바릴 빠루스끼

나는 예전에 러시아어로 서투르게 말했다. (화자 : 남)

Вчера́ друзья́ смотре́ли фильм.
f취라 드루ㅈ야 스마뜨렐리 필름

어제 친구들은 영화를 봤다.

Дóброе ýтро! Что ты дéлала вчерá?
도브라예 우뜨라 쉬 띄 젤랄라 f취라
좋은 아침! 너는 어제 뭐 했니?

Ýтром я читáла кнúгу, а вéчером смотрéла нóвости.
우뜨람 야 취딸라 끄니구 아 베쳬람 스마뜨렐라 노바스찌
아침에는 책 읽고, 저녁에는 뉴스 봤어.

✔ 접속사 a는 여러 가지 의미를 가지고 있습니다. 비교 또는 대립 구조를 나타내거나 비슷한 내용을 한 문장에 나열할 때도 사용합니다. 문맥에 따라 한국어로 '~고, ~나,~지만' 등으로 해석이 됩니다. 또한 화제를 전환할 때도 쓸 수 있으며, 이 경우에는 '한편, 그런데'라는 뜻으로 사용됩니다.

☆ 당신은 그저께 뭐 했나요?
Что вы дéлали позавчерá?
쉬또 븨 젤랄리 빠자f취라

☆ 저는 잡지도 읽고, 팟캐스트를 들었어요.
Я читáл(а) журнáл и слýшал(а) подкáст.
야 취딸(라) 주르날 이 슬루샬(라) 빧까쓰ㄸ

Ребя́та, что вы де́лали вчера́ ве́чером?
리뱌따 쉬또 븨 젤랄리 f취라 베쳬람
얘들아, 너희는 어제 저녁에 뭐 했니?

Я про́сто сиде́л до́ма.
야 쁘로스따 씨젤 도마
나는 그냥 집에 있었어.

Я слу́шала му́зыку.
야 슬루샬라 무즤꾸
나는 음악 들었어.

Я чита́ла ру́сский рома́н.
야 취딸라 루스끼 라만
나는 러시아 소설을 읽었어.

추가 단어

ребя́та [리**뱌**따] 얘들아, 여러분
сиде́ть до́ма [씨**제**ㅉ **도**마] 어디 가지 않고 집에 있다

8월
а́вгуст
아v구스뜨

1 괄호 안에 있는 주어진 동사를 문장에 맞게 과거 시제로 바꿔 보세요.

❶ Моя́ подру́га хорошо́ [говори́ть] по-англи́йски. (네 친구는 영어로 말을 잘 했다.)

▶ ______________________________

❷ Ра́ньше вы [знать] меня́? (예전에 당신은 나를 알고 있었나요?)

▶ ______________________________

❸ Что [де́лать] бра́тья вчера́? (어제 형들은 뭐 했나요?)

▶ ______________________________

2 다음 각 문장에서 틀린 부분을 찾아 고쳐 보세요.

❶ Я смотре́ли ру́сский фильм. (나는 러시아 영화를 봤다.)

▶ ______________________________

❷ Мы иногда́ слу́шал ра́дио. (우리는 가끔 라디오를 들었다.)

▶ ______________________________

❸ Анто́н чита́ла коре́йский рома́н. (안톤은 한국 소설을 읽었다.)

▶ ______________________________

정답 p.272

러시아 문화와 역사의 진수, 황금 고리

러시아의 황금 고리Золотое кольцо는 모스크바 북동쪽에 위치한 여러 고대 도시들을 아우르는 역사적 경로로, 이 지역은 러시아 문화와 역사의 진수를 보여주는 곳이에요. 8개의 주요 도시로 이루어진 이 루트는 중세 러시아의 모습을 고스란히 간직하고 있어, 마치 타임머신을 타고 과거로 돌아간 듯한 느낌을 선사해요.

먼저 수즈달Суздаль은 황금 고리의 가장 대표적인 도시로, 고풍스러운 목조 건축물과 아름다운 정원이 인상적인 곳이에요. 이 도시는 과거 러시아 정교회의 중심지였던 만큼 수많은 성당과 수도원이 남아 있으며, 특히 수즈달 크렘린Суздальский кремль은 도시를 상징하는 랜드마크로, 꼭 둘러봐야 할 장소 중 하나랍니다.

다음으로 블라디미르Владимир는 12세기에 러시아의 수도로서 번영을 누렸던 도시로, 그 당시의 웅장함을 지금도 느낄 수 있는 곳이에요. 이곳에서 가장 유명한 랜드마크는 성모 승천 대성당Успенский собор으로, 유네스코 세계 문화 유산으로 등재된 이 성당은 황금빛 돔과 화려한 벽화로 많은 여행자들의 사랑을 받고 있어요.

야로슬라블Ярославль도 놓치지 말아야 할 도시예요. 볼가 강변에 위치한 이 도시는 1010년에 건설된 러시아에서 가장 오래된 도시 중 하나로, 현대와 역사가 조화를 이루는 독특한 분위기를 자아내죠. 특히, 야로슬라블 스파소-프레오브라젠스키 수도원Спасо-Преображенский монастырь은 이 도시를 상징하는 중요한 명소 중 하나로, 러시아의 종교와 예술을 엿볼 수 있는 좋은 기회가 될 거예요.

이 외에도 황금 고리의 각 도시는 고유의 매력을 가지고 있어, 그곳을 여행하는 동안 러시아의 깊은 역사와 문화를 자연스럽게 접할 수 있어요. 황금 고리를 따라 여행을 하다 보면, 이곳에서만 느낄 수 있는 매력을 체험할 수 있을 거예요.

황금 고리 여행 

황금 고리 도시들은 모스크바에서 가까운 거리에 있어 기차나 버스를 이용해 이동할 수 있어요. 각 도시 간의 거리가 비교적 짧아 편리하게 여행할 수 있지만, 여행 일정을 효율적으로 짜기 위해서는 기차표나 버스표를 미리 예약하는 것이 좋아요.

Урок 26

Я сейча́с на у́лице.

나 지금 밖이야.

오늘의 주제

- 명사의 전치격 변화 어미
- 전치사 в / на (~에서) 구분

오늘의 미션

☑ 봉투가 가방 안에 있다.

☑ 사람들은 경기장에 있어요.

конве́рт
[깐베르뜨]
봉투

стадио́н
[스따지온]
경기장

пло́щадь
[쁠로시쯔]
광장

ры́ба
[릐바]
물고기

каранда́ш
[까란다쉬]
연필

ко́мната
[꼼나따]
방

1 명사 전치격 (~에, ~에서) 변화

- 문장에서 주로 장소를 나타낼 때 사용
- 마지막 철자를 변화형 어미에 따라 바꿈
- 반드시 전치사와 함께 쓴다!

2 전치사 в / на (~에, ~에서) 구분

в 안에 (in)	на 위에 (on)
막힌 공간, 경계가 있는 곳 (국가, 도시 등)	열린 공간 (open)

3 전치격(~에, ~에서) 변화형 어미

1) 남성 명사

남성(он)	자음	자음+е
	-й	й → е
	-ь	ь → е

Письмо́ в конве́рте. 편지는 봉투(конве́рт) 안에 있다.
삐ㅆ모 f깐베르쩨

Кот на дива́не. 고양이는 소파(дива́н) 위에 있다.
꼬ㄸ 나지바녜

Я в музе́е. 나는 박물관(музе́й)에 있다.
야 v무졔예

Мы на стадио́не. 우리는 경기장(стадио́н)에 있다.
믜 나스따지오녜

2) 여성 명사

여성(оná)	-a	a → e
	-я	я → e
	-ь	ь → и

Телефóн в сýмке. 핸드폰이 가방(сýмка) 안에 있다.
찔리폰 f쑴꼐

Рýчка на кни́ге. 펜이 책(кни́га) 위에 있다.
루ㅊ까 나끄니계

Мáша на плóщади. 마샤는 광장(плóщадь)에 있다.
마샤 나쁠로시지

3) 중성 명사

중성(онó)	-o	o → e
	-e	e → e

Карандáш на письмé. 연필이 편지(письмó) 위에 있다.
까란다쉬 나삐ㅆ몌

Ры́ба в мóре. 물고기가 바다 안에 있다.
릐바 v모례

전치사(в, на)는 함께 쓰는 명사와 반드시 같이 발음해야 하고, 강세는 뒤에 오는 명사에만 옵니다. 특히 전치사 в는 무성음화 발음규칙이 적용되는 경우가 종종 있으므로 발음할 때 더 신경 써 주세요!

예 в конвéрте [f깐베르쩨] 봉투 안에　　в сýмке [f쑴꼐] 가방 안에

Где ты сейча́с? (Ты) в шко́ле?
그제 띄 씨촤ㅆ 띄 f슈꼴례

너 지금 어디니? 학교야(학교에 있어)?

Нет, я на пло́щади Кванхвамун.
녯 야 나쁠로시지 광화문

아냐, 나 광화문광장(пло́щадь Кванхвамун)이야.

✔ '**광화문**광장(пло́щадь **Кванхвамун**)'과 같이 외래어나 외국 지명은 격변화 시 따로 바꾸지 않으셔도 됩니다.

✔ 러시아는 '광장의 나라'라고 해도 과언이 아닐 정도로 크고 작은 광장이 많습니다. 자주 사용하게 될 단어인 '광장(пло́щадь)'을 꼭 기억해 주세요!

☆ 봉투가 가방(су́мка) 안에 있다.

Конве́рт в су́мке.
깐볘르ㄸ f쑴꼐

☆ 사람들은 경기장(стадио́н)에 있어요.

Лю́ди на стадио́не.
류지 나스따지오녜

Я не зна́ю, где мой телефо́н.
야 니 즈나유 그제 모이 찔리폰
내 핸드폰이 어디에 있는지 모르겠어.

Твой телефо́н в ко́мнате.
뜨보이 찔리폰 f꼼나쪠
네 핸드폰 방에 있어.

Где и́менно (в ко́мнате)?
그제 이멘나 f꼼나쪠
정확히 방 어디에?

Мо́жет быть, (он) на сту́ле.
모줴ㄸ 븨ㅉ 온 나스뚤례
아마도 의자 위에 있을 거야.

추가 단어

и́менно [이멘나] 바로, 마침, 정확히
мо́жет быть [모줴ㄸ 븨ㅉ] 아마도, 어쩌면

9월
сентя́брь
씬쨔브ㄹ

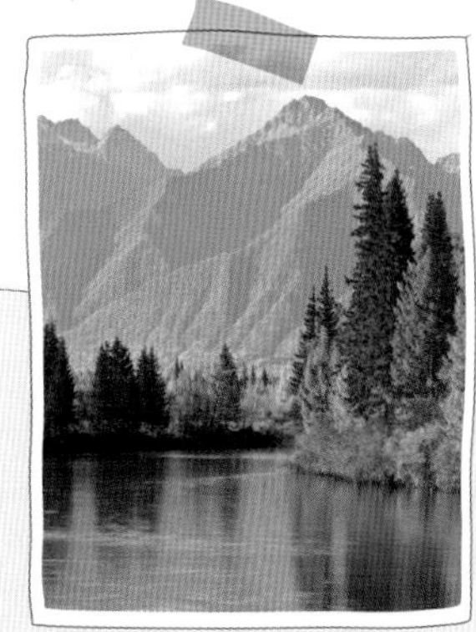

오늘의 연습문제

1 보기와 같이 주어진 단어를 적당한 전치사와 함께 전치격으로 바꿔 보세요.

보기 шкóла (학교) ▶ **в шкóле**

① теáтр (극장) ▶ ______

② стадиóн (경기장) ▶ ______

③ плóщадь (광장) ▶ ______

2 다음 한국어 문장을 러시아어로 바꿔 보세요.

① 사전은 소파 위에 있다.

▶ ______

② 지금 마샤는 박물관에 있다.

▶ ______

③ 강아지가 방에 있다.

▶ ______

정답 p.272

제시된 우리말을 참고하여, 낱말 퍼즐 안에 숨어있는 8가지 단어를 찾아 보세요.

з	б	ю	ф	и	л	ь	м	э	к
и	г	ы	ё	н	м	ж	л	д	ó
ч	á	с	т	о	ч	п	й	в	м
в	э	ж	у	г	я	л	х	у	н
ч	н	й	ф	д	р	ó	ы	ч	а
е	ю	ц	х	á	к	щ	ш	п	т
р	щ	в	м	э	ё	а	б	я	а
á	п	у	с	т	а	д	и	ó	н
к	л	р	д	с	ю	ь	г	з	й
и	б	а	л	é	т	а	н	ы	ж

❶ 어제	❺ 영화
❷ 광장	❻ 경기장
❸ 가끔	❼ 자주
❹ 발레	❽ 방

정답 p.276

Урок 27

Ма́ша была́ до́ма.

마샤는 집에 있었다.

오늘의 주제

• be 동사 과거형
• 1식 동사 '일하다' 활용

오늘의 미션

☑ 어제 내 친구(여)는 밖에 있었대.
☑ 엄마는 병원에서 일하십니다.

MP3 바로 듣기

 **у́лица** [**울**리짜] 거리	**рестора́н** [리스따**란**] 레스토랑
больни́ца [발**니**짜] 병원	**до́ма** [**도**마] 집에(서)
гости́ница [가스**찌**니짜] 호텔	**здо́рово** [즈**도**라바] 좋다, 대단하다

1 be 동사 과거형

быть			
(남성) л	(여성) ла	(중성) ло	(복수) ли
был	была́	бы́ло	бы́ли

- 주로 '~이었다', '~에 있었다'로 해석
- 주어 형태에 따라 be 동사 과거형 어미가 바뀜
- быть 동사를 과거형으로 바꿔 사용

Где ты был вчера́? (그제 띄 빌 f취라) — 너 어제 어디에 있었니? (상대방: 남)

(Вчера́) я был в кафе́. (f취라 야 빌 f까페) — (어제) 나는 카페에 있었어.

Где И́ра была́ днём? (그제 이라 빌라 드뇸) — 이라는 낮에 어디에 있었니?

Она́ была́ на у́лице. (아나 빌라 나울리쪠) — 그녀는 밖에(거리에) 있었어.

Ра́ньше кафе́ бы́ло здесь. (란쉐 카페 빌라 즈제스) — 예전에 카페가 여기에 있었다.

마샤쌤의 꿀팁 한 스푼

be 동사 과거형은 강세 발음 규칙이 적용되어 여성형과 중성형의 발음이 동일합니다. 하지만 강세 위치가 다르므로 꼭 구분하여 발음해야 합니다. 여성형은 마지막 모음 '-a'를, 중성형은 앞에 있는 모음 '-ы'를 길게 발음해 보세요!

Где вы бы́ли позавчера́?
그제 븨 빌리 빠자f취라

너희는 그저께 어디에 있었니?

Мы бы́ли до́ма.
믜 빌리 도마

우리는 집에 있었어.

2 1식 동사 '일하다' рабо́тать

рабо́та -ть			
я	рабо́таю	мы	рабо́таем
ты	рабо́таешь	вы	рабо́таете
он/она́	рабо́тает	они́	рабо́тают

Анто́н рабо́тает в рестора́не.
안똔 라보따예ㄸ v리스따라녜

안톤은 레스토랑에서 일한다.

Где ты рабо́таешь сейча́с?
그제 띄 라보따예쉬 씨촤ㅆ

너는 지금 어디서 일해?

Я рабо́таю в больни́це.
야 라보따유 v발니쪠

나는 병원에서 일해.

참고 명사 전치격 어미

남성(он)	여성(она́)	중성(оно́)
자음 (+е)	-а (е)	-о (е)
-й (е)	-я (е)	-е (е)
-ь (е)	-ь (и)	
е / и		

오늘의 핵심 표현

Я рабóтаю дóма. Где вы рабóтаете?
야 라보따유 도마 그제 븨 라보따예쩨
나는 집에서 일해. 너희는 어디에서 일해?

Мы актрúсы. Рабóтаем в теáтре.
믜 앆뜨리씌 라보따옘 f찌아뜨례
우리는 배우야. 극장에서 일해.

핵심 포인트

✓ '극장(теáтр)'은 영화를 보는 곳이 아니라 연극, 발레, 뮤지컬 등 공연을 보는 장소입니다. 극장(теáтр)과 영화관(кинотеáтр)을 헷갈리지 마세요!

미션 클리어

☆ 어제 내 친구(여)는 밖에 있었대.
Вчерá моя́ подрýга былá на ýлице.
f취라 마야 빠드루가 빌라 나울리쪠

☆ 엄마는 병원(больнúца)에서 일하십니다.
Мáма рабóтает в больнúце.
마마 라보따예ㄸ v발니쪠

Ра́ньше я рабо́тал в гости́нице.

란쉐 야 라보딸 v가스찌니쪠

나는 예전에 호텔에서 일했었어.

Пра́вда? Здо́рово! А где рабо́таешь сейча́с?

쁘라브다 즈도라바 아 그제 라보따예쉬 씨차ㅆ

정말? 멋지다! 그럼 지금은 어디에서 일해?

Зна́ешь кафе́ ≪Сивон≫? Там я рабо́таю.

즈나예쉬 까페 시원 땀 야 라보따유

'시원카페' 알아? 거기에서 나는 일해.

Коне́чно, зна́ю. У́тром я была́ там.

까녜슈나 즈나유 우뜨람 야 빌라 땀

당연히 알지. 아침에 나 거기 갔었어(있었어).

추가 단어

коне́чно [까녜슈나] 물론

10월

октя́брь

악쨔브ㄹ

1 다음은 рабóтать(일하다) 동사의 변화표입니다. 빈칸을 채워 보세요.

я	рабóтаю	мы	рабóтаем
ты	❶	вы	рабóтаете
он/онá	❷	они́	❸

2 문장의 주어를 참고하여 괄호 안에 있는 동사의 과거형을 적절하게 바꿔 보세요.

❶ Где __________ [быть] письмó?

(편지가 어디에 있었어?)

❷ Брáтья __________ [быть] на ýлице.

(형들은 밖에 있었다.)

❸ Бáбушка __________ [рабóтать] в шкóле.

(할머니는 학교에서 일하셨다.)

정답 p.272

러시아의 축제

러시아는 풍부한 전통과 문화를 자랑하며, 다양한 축제와 기념일이 열립니다. 축제 기간에 맞춰 러시아를 방문하면, 러시아의 역사와 문화를 한층 더 깊이 체험할 수 있을 거예요.

1. 마슬레니차(Масленица)

마슬레니차는 겨울의 끝을 기념하고 봄의 시작을 축하하는 대표적인 전통 축제예요. 매년 2월 말에서 3월 초, 월요일부터 일요일까지 일주일 동안 축제가 열립니다. 팬케이크(블리니)를 먹으며 겨울의 끝을 축하하고, 다양한 민속 공연, 스키, 놀이, 불태우기 의식 등을 한답니다.

2. 부활절(Пасха)

러시아 정교회에서 기념하는 부활절은 3월 또는 4월에 열리며, 서양의 부활절과는 날짜가 다릅니다. 교회 예배와 가족 모임이 중심이 되며, 특별한 전통 음식과 장식이 포함됩니다. 부활절 달걀을 염색하거나, 다양한 전통 음식을 준비하는 등의 행사가 진행됩니다.

3. 승리의 날(День Победы)

5월 9일은 제2차 세계대전에서 나치 독일에 대한 승리를 기념하는 날입니다. 이 날은 러시아에서 가장 중요한 축제 중 하나로, 모스크바의 붉은 광장에서 대규모 군사 퍼레이드가 열립니다. 러시아 전역에서 기념식과 불꽃놀이가 펼쳐지며, 전쟁 영웅과 희생자들을 기리는 다양한 행사가 진행됩니다.

4. 백야 축제(Белые ночи)

상트페테르부르크에서 6월에 열리는 축제로, 여름철 백야 현상을 기념해요. 다양한 음악, 연극, 무용 공연이 열리며, 도시 전역에서 다양한 문화 행사와 축제가 펼쳐집니다. 특히 백야 현상으로 인해 긴 여름밤을 만끽할 수 있는 특별한 축제입니다.

Урок
28

Мы живём в Корée.

우리는 한국에 살아요.

오늘의 주제

• 동사 '~에 살다' / 나라, 도시 표현

• 전치격 특수형 어미

오늘의 미션

☑ 할머니와 할아버지는 시골에 사신다.

☑ 나의 오빠는 러시아에서 일한다.

MP3 바로 듣기

Сеу́л [씨**울**] 서울	**дере́вня** [지**레**브냐] 시골
роди́тели [라**지**쩰리] 부모님	**Росси́я** [라**씨**야] 러시아
Япо́ния [이**뽀**니야] 일본	**общежи́тие** [압쉬**쥐**찌예] 기숙사

1 동사 '살다' жить형

жи -ть			
я	живу́	мы	живём
ты	живёшь	вы	живёте
он/она́	живёт	они́	живу́т

주의 동사 변화형이 불규칙!

Я живу́ в Сеу́ле.
야 쥐부 f씨울례

나는 서울에 산다.

Роди́тели живу́т в дере́вне.
라지쪨리 쥐부ㄸ v지례브녜

부모님은 시골에 사신다.

Где вы живёте?
그제 븨 쥐뵤쪠

너희는 어디 살아?

Мы живём в Коре́е.
믜 쥐뵴 f까례예

우리는 한국에 살아.

2 전치격 특수형 어미 (-ии)

남성명사	여성명사	중성명사
-ий	-ия	-ие

▼

-ии

Áнна живёт в Росси́и.
안나 쥐뵤ㄸ v라씨이

안나는 러시아에 산다.

Я рабóтаю в Япóнии.
야 라보따유 비뽀니이

나는 일본에서 일한다.

Сейчáс мы в здáнии.
씨촤ㅆ 믜 v즈다니이

지금 우리는 건물 안에 있다.

Друзья́ живу́т в общежи́тии.
드루ㅈ야 쥐부ㄸ 밥쉬쥐찌이

친구들은 기숙사에 산다.

참고 전치사 в / на (~에, ~에서) 구분

в 안에 (in)	на 위에 (on)
막힌 공간, 경계가 있는 곳 (국가, 도시 등)	열린 공간 (open)

Ты живёшь в общежи́тии.
띄 쥐뵤쉬 밥쉬쥐찌이

Где живу́т роди́тели?
그제 쥐부ㄸ 라지쩰리

너는 기숙사에 사는구나. 부모님은 어디에 사셔?

В Коре́е. Они́ живу́т в Сеу́ле.
f까례예 아니 쥐부ㄸ f씨울례

한국에 계셔. 부모님은 서울에 사셔.

☆ 할머니와 할아버지는 시골에 사신다.

Ба́бушка и де́душка живу́т в дере́вне.
바부쉬까 이 제두쉬까 쥐부ㄸ v지례브녜

☆ 나의 오빠는 러시아에서 일한다.

Мой брат рабо́тает в Росси́и.
모이 브라ㄸ 라보따예ㄸ v라씨이

Андре́й! Где ты живёшь?
안드레이 그제 띄 쥐보쉬
안드레이! 너는 어디에 사니?

Я живу́ в це́нтре.
야 쥐부 f쪤뜨례
나는 시내에 살아.

А где твой о́фис?
아 그제 뜨보이 오피스
그럼 너의 사무실은 어디에 있니?

На у́лице Арба́т.
나울리쪠 아르바ㄸ
아르바트 거리에 있어.

추가 단어

центр [쪤뜨ㄹ] 중심, 도심

보너스 표현

11월

ноябрь
나야브ㄹ

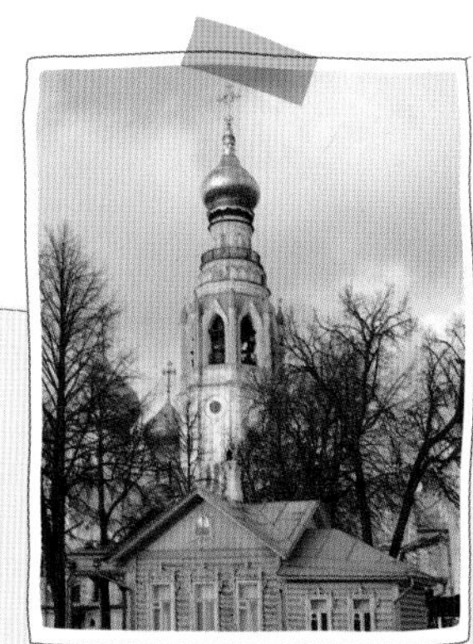

오늘의 연습문제

1 다음 문장을 주어에 따라 동사 형태를 바꿔서 다시 적어 보세요.

보기	Где **ты живёшь** сейча́с?

❶ [он] ______________________________

❷ [вы] ______________________________

❸ [они́] ______________________________

2 괄호 안에 있는 단어를 적당한 전치사와 함께 전치격으로 바꿔 보세요.

❶ Мы живём ______________ [общежи́тие].

❷ Ра́ньше роди́тели жи́ли ______________ [Япо́ния].

❸ И́ра рабо́тает ______________ [Росси́я].

정답 p.272

아래 가로 세로 낱말 퀴즈를 풀어 보세요!

세로 열쇠	가로 열쇠
❶ 부모님	❷ 레스토랑
❹ 집에(서)	❸ 러시아
❼ 중심, 도심	❺ 예전에
	❻ 거리
	❽ 호텔

정답 p.276

Урок 29

Ты ду́маешь обо мне́?

너 내 생각하고 있니?

오늘의 주제

- 동사 '생각하다' / 전치사 о 용법
- 인칭대명사 전치격 변화

오늘의 미션

☑ 그는 당신에 대해 생각하고 있지 않아요.

☑ 마샤는 자주 러시아에 관해 말한다.

MP3 바로 듣기

рабóта
[라**보**따]
일(work)

сын
[**씐**]
아들

учи́тель
[우**취**쩰]
(초, 중, 고) 선생님

поéздка
[빠**예**스뜨까]
여행

певи́ца
[삐**비**짜]
가수(여)

прекрáсный
[쁘리끄**라**스늬]
아주 좋은, 훌륭한

1 1식 동사 '생각하다' думать

ду́ма -ть			
я	ду́маю	мы	ду́маем
ты	ду́маешь	вы	ду́маете
он/она́	ду́мает	они́	ду́мают

2 전치사 о (~에 대하여) 용법

- 전치격과 함께 쓰는 전치사
- '~에 관하여, ~에 대하여' 의미로 해석
- 전치격 변화 어미는 동일

3 1식 동사 '생각하다' думать 예문

Мы ду́маем о Серге́е.
믜 두마옘 아쎄르계에

우리는 세르게이에 대해 생각한다.

Роди́тели ду́мают о сы́не.
라지쪨리 두마유ㄸ 아씌녜

부모님은 아들에 대해 생각한다.

전치사 о는 철자 그대로 '오'로 발음하는 경우는 사실상 없습니다. 다른 전치사처럼 함께 쓰는 명사와 같이 발음하기 때문에 강세 규칙이 적용되어 'а' 발음을 하게 됩니다.

Ты ду́маешь о рабо́те?
띄 두마예쉬 아라보쩨

너 일 생각하고 있니?

Нет, я ду́маю о пое́здке.
녯 야 두마유 아뻬예스뜨꼐

아냐, 난 여행 생각하고 있어.

4 인칭대명사 전치격 (~에 대하여)

나에 대해	обо мне́ 아바므녜	우리에 대해	о нас 아나ㅆ
너에 대해	о тебе́ 아찌볘	너희/당신에 대해	о вас 아바ㅆ
그/그녀에 대해	о нём/о ней 아뇸/아녜이	그들에 대해	о них 아니ㅎ

Он всегда́ ду́мает обо мне́.
온 f씨그다 두마예ㄸ 아바므녜

그는 항상 나에 대해 생각한다.

Я иногда́ ду́маю о нём.
야 이나그다 두마유 아뇸

나는 가끔 그에 대해 생각한다.

Учи́тель ча́сто говори́т о тебе́.
우취쪨 촤스따 가바리ㄸ 아찌볘

선생님은 자주 너에 대해 말씀하신다.

Сейча́с вы говори́те о ней?
씨촤ㅆ 븨 가바리쩨 아녜이

지금 당신은 그녀에 대해 말하는 건가요?

Алло́! Что ты де́лаешь? Ты ду́маешь обо мне́?
알로 쉬또 띄 젤라예쉬 띄 두마예쉬 아마므녜

여보세요! 너 뭐해? 내 생각하고 있어?

Да, коне́чно. Я всегда́ ду́маю о тебе́.
다 까네슈나 야 f씨그다 두마유 아찌볘

응, 물론이야. 나는 항상 너 생각하지.

✔ 전화 통화할 때 자주 사용하는 표현을 몇 가지 더 알아보겠습니다. 먼저 전화를 받으면 주로 'Да(네)', 'Слу́шаю вас(당신 말을 듣고 있다)' 등으로 대답합니다. 한국어로 '말씀하세요'라는 뜻으로 'Говори́те'라고 쓰기도 합니다. 다른 사람을 바꿔달라고 말할 때는 'Позови́те + 대격 пожа́луйста!(~를 불러주세요)'라고 합니다. 전화를 끊을 때는 일반적인 인사 표현(Пока́! До свида́ния) 외에도 친한 사이끼리는 'Дава́й(그래, 알았어)'라고 하며 통화를 마치곤 합니다.

☆ 그는 당신에 대해 생각하고 있지 않아요.

Он не ду́мает о вас.
온 니 두마예ㄸ 아바ㅆ

☆ 마샤는 자주 러시아에 관해 말한다.

Ма́ша ча́сто говори́т о Росси́и.
마샤 촤스따 가바리ㄸ 아라씨이

Ты слу́шаешь пе́сню. Чья э́то пе́сня?
띄 슬루샤예쉬 뻬스뉴 취야 에따 뻬스냐
너 노래 듣고 있구나. 누구 노래야?

Зна́ешь певи́цу Zara?
즈나예쉬 삐비쭈 자라
가수 '자라' 알아?

Пло́хо зна́ю. Но ты ча́сто говори́шь о ней.
쁘로하 즈나유 노 띄 좌스따 가바리쉬 아 녜이
잘은 몰라. 근데 네가 그 가수에 대해 자주 말하더라.

Да, пра́вда. Она́ прекра́сная певи́ца.
다 쁘라브다 아나 쁘리끄라스나야 삐비짜
응, 맞아. 정말 훌륭한 가수야.

12월

декáбрь
지까브ㄹ

1 다음 인칭대명사의 전치격 변화표를 완성하세요.

주격	전치격	주격	전치격
я	❶	мы	о нас
ты	о тебé	вы	о вас
он	❷	они́	❸
онá	о ней		

2 주어진 단어들을 이용하여 러시아어로 올바르게 바꿔 보세요.

❶ 이반은 여행에 대해 생각한다. [Ивáн, дýмать, поéздка]

▶ ________________

❷ 친구들은 한국에 대해 말하고 있다. [друзья́, говори́ть, Корéя]

▶ ________________

❸ 우리는 러시아에 대해 생각한다. [мы, дýмать, Росси́я]

▶ ________________

정답 p.272

러시아의 위대한 혁명가, 블라디미르 레닌

여러분, 혹시 상트페테르부르크가 한때 '레닌그라드Ленинград'라고 불렸던 사실을 아시나요? 이 도시는 역사적으로 여러 차례 이름이 바뀌었는데, 그 중 하나가 바로 소련의 혁명 지도자인 블라디미르 레닌Владимир Ильич Ленин의 이름을 딴 레닌그라드였답니다.

이처럼 러시아에서 레닌의 영향력은 매우 커서, 그의 혁명적 유산과 관련된 문화 유산들이 러시아 곳곳에 남아 있습니다. 20세기 초 러시아에서 사회주의 혁명을 이끌며 세계 최초의 공산주의 국가를 세운 그의 유산은 오늘날에도 여전히 큰 영향을 미치고 있죠. 러시아에는 그의 업적을 기리기 위해 다양한 기념물들이 세워져 있고, 그의 이름을 딴 장소들도 많이 있어요. 그 중 몇 가지 장소를 여러분들에게 소개할게요!

1. 레닌의 묘

모스크바의 붉은 광장에 위치한 레닌의 묘는 그의 유해가 안치된 곳으로, 많은 관광객들이 방문하는 명소입니다. 이곳은 레닌의 혁명적 유산을 기리며, 그의 역사를 상징적으로 보여주는 중요한 장소입니다.

2. 레닌의 집 박물관

모스크바에 위치한 이 박물관은 레닌이 혁명 전후에 살았던 집을 복원하여 운영하는 곳입니다. 박물관에서는 레닌의 개인적인 물품과 그의 역사적 맥락을 이해할 수 있는 전시를 통해 그의 삶을 가까이에서 체험할 수 있습니다.

3. 국립 러시아 도서관

1862년 모스크바에 설립된 이 도서관은 초기에는 작은 공공 도서관이었으나, 점차 러시아와 소련의 주요 국가 도서관으로 성장했습니다. 1925년 레닌 사후부터 1992년까지는 그의 이름을 따서 '레닌 도서관'으로 불렸고, 이후 러시아 국립 도서관(РГБ)이라는 현재의 이름으로 바뀌었죠.

Урок 30

복습

Урок 25~29 복습하기

오늘의 주제

- 25 ~ 29강 내용 복습 & 말하기 연습
- 실전 테스트

Урок 25 ☑ 동사의 과거 시제

- 주어에 따라 과거형 어미(-л, -ла, -ло, -ли)를 붙임!
- 주어가 я / ты 인 경우 남성형, 여성형 어미 나눔
- 주어가 вы 인 경우 무조건 복수형 어미!

	남성	여성	중성	복수
하다	де́лал	де́лала	де́лало	де́лали
읽다	чита́л	чита́ла	чита́ло	чита́ли
듣다	слу́шал	слу́шала	слу́шало	слу́шали

Что она́ де́лала вчера́? 그녀는 어제 뭐 했니?
쉬또 아나 젤랄라 f취라

Она́ чита́ла рома́н. 그녀는 소설을 읽었어.
아나 취딸라 라만

Что ты де́лал позавчера́? 너는 그저께 뭐 했니? (상대방 : 남)
쉬또 띄 젤랄 빠자f취라

Позавчера́ я слу́шал му́зыку. 그저께 나는 음악을 들었어.
빠자f취라 야 슬루샬 무즤꾸

Урок 26

- ☑ 명사의 전치격 변화 어미
- ☑ 전치사 в, на (~ 에서) 구분

в 안에 (in)	на 위에 (on)
막힌 공간, 경계가 있는 곳 (국가, 도시 등)	열린 공간 (open)

남성(он)	여성(онá)	중성(онó)
자음 (+е)	-а (е)	-о (е)
-й (е)	-я (е)	-е (е)
-ь (е)	-ь (и)	
е / и		

Кот на дивáне. 고양이는 소파 위에 있다.
꼬ㄸ 나지바녜

Я в музéе. 나는 박물관에 있다.
야 v무졔예

Телефóн в сýмке. 핸드폰이 가방 안에 있다.
찔리폰 f쑴꼐

Мáша на плóщади. 마샤는 광장에 있다.
마샤 나쁠로시지

Карандáш на письмé. 연필이 편지 위에 있다.
까란다쉬 나삐ㅆ메

Рыба в мóре. 물고기가 바다 안에 있다.
릐바 v모례

Урок 27

☑ be 동사 과거형
☑ 1식 동사 '일하다' 활용

• be 동사 과거형

남성	여성	중성	복수
был	былá	бы́ло	бы́ли

Где ты был вчерá?
그제 띄 빌 f취라

너 어제 어디에 있었니? (상대방:남)

(Вчерá) я был в кафé.
f취라 야 빌 f까페

(어제) 나는 카페에 있었어.

Рáньше кафé бы́ло здесь.
란쉐 카페 빌라 즈제스

예전에 카페가 여기에 있었다.

Днём мы бы́ли дóма.
드뇸 믜 빌리 도마

우리는 낮에 집에 있었다.

• 1식 동사 '일하다' 활용

рабóта -ть			
я	рабóтаю	мы	рабóтаем
ты	рабóтаешь	вы	рабóтаете
он/онá	рабóтает	они́	рабóтают

Где Антóн рабóтает сейчáс?
그제 안똔 라보따예ㄸ 씨촤ㅆ

안톤은 지금 어디서 일해?

Он рабóтает в больни́це.
온 라보따예ㄸ 브발니쪠

그는 병원에서 일해.

Урок 28	☑ 동사 '~에 살다' ☑ 나라, 도시 표현 ☑ 전치격 특수형 어미

жи -ть (살다)			
я	живу́	мы	живём
ты	живёшь	вы	живёте
он/она́	живёт	они́	живу́т

Где вы живёте? 너희는 어디 살아?
그제 븨 쥐뵤쩨

Мы живём в Коре́е. 우리는 한국에 살아.
믜 쥐뵴 f까례예

남성명사	여성명사	중성명사	→ -ии
-ий	-ия	-ие	

А́нна живёт в Росси́и. 안나는 러시아에 산다.
안나 쥐뵤ㄸ v라씨이

Друзья́ живу́т в общежи́тии. 친구들은 기숙사에 산다.
드루ㅈ야 쥐부ㄸ 밥쉬쥐찌이

Урок 29	☑ 동사 '생각하다' ☑ 전치사 о 용법 ☑ 인칭대명사 전치격 변화

дýма -ть (생각하다)			
я	дýмаю	мы	дýмаем
ты	дýмаешь	вы	дýмаете
он/онá	дýмает	они́	дýмают

Мы дýмаем о Сергée.
믜 두마옘 아씨르계에

우리는 세르게이에 대해 생각한다.

Я дýмаю о поéздке.
야 두마유 아빠예스뜨꼐

나는 여행에 대해 생각하고 있다.

나에 대해	обо мнé 아바므녜	우리에 대해	о нас 아나ㅆ
너에 대해	о тебé 아찌볘	너희/당신에 대해	о вас 아바ㅆ
그/그녀에 대해	о нём / о ней 아뇸 아녜이	그들에 대해	о них 아니ㅎ

Он всегдá дýмает обо мнé.
온 f씨그다 두마예ㄸ 아바므녜

그는 항상 나에 대해 생각한다.

Сейчáс вы говори́те о ней?
씨차ㅆ 븨 가바리쩨 아녜이

지금 당신은 그녀에 대해 말하는 건가요?

보너스 표현

8월
áвгуст
아v구스ㄸ

9월
сентя́брь
씬쨔브ㄹ

10월
октя́брь
악쨔브ㄹ

11월
ноя́брь
나야브ㄹ

12월
декáбрь
지까브ㄹ

1 음성을 듣고 일치하는 단어를 보기에서 고르세요. MP3

❶ Ⓐ позавчера́ Ⓑ пло́щадь Ⓒ дере́вня Ⓓ учи́тель

❷ Ⓐ сиде́ть Ⓑ рестора́н Ⓒ коне́чно Ⓓ пое́здка

❸ Ⓐ и́менно Ⓑ фильм Ⓒ гости́ница Ⓓ центр

2 다음 러시아어 문장의 우리말 뜻을 적어 보세요.

❶ Она́ чита́ла рома́н.

▶ ______________________________

❷ Кот на дива́не.

▶ ______________________________

❸ Мы живём в Коре́е.

▶ ______________________________

❹ Я ду́маю о пое́здке.

▶ ______________________________

정답 p.272

3 제시된 우리말을 참고하여 다음 대화문을 완성해 보세요.

❶

Алло́! Ⓐ ______________________? Ты ду́маешь обо мне́?

여보세요! 너 뭐해? 내 생각하고 있니?

Да, коне́чно. Ⓑ ______________________.

응, 물론이야. 나는 항상 너 생각하지.

❷

Андре́й! Ⓐ ______________________?

안드레이! 너는 어디에 사니?

Ⓑ ______________________.

나는 시내에 살아.

А Ⓒ ______________________?

그럼 너의 사무실은 어디에 있니?

Ⓓ ______________________.

아르바트(Арба́т) 거리에 있어.

연습문제 정답

Урок 01 p. 034

1. ❶ 긍정 Да, э́то во́дка.
   부정 Нет, э́то не во́дка.
   ❷ 긍정 Да, э́то брат.
   부정 Нет, э́то не брат. Э́то друг.
2. Э́то

Урок 02 p. 042

1. ❶ Что э́то?
   ❷ Кто э́то?
   ❸ Что э́то?
2. ❶ Кто э́то?
   ❷ Э́то сын.
   ❸ А кто э́то?

Урок 03 p. 050

1. Ⓒ
2. ❶ Вы друзья́?
   ❷ Мы не ру́сские.
   ❸ Он то́же журнали́ст.
3. ❶ я ❷ ты ❸ он ❹ она́ ❺ мы ❻ вы
   ❼ они́

Урок 04 p. 058

1.

남성 (ОН)	여성 (ОНА́)	중성 (ОНО́)
день	гита́ра	го́ре
май	эмо́ция	де́рево

2. Ⓓ
3. Ⓑ

Урок 05 p. 066

1. ❶ Она́ до́ма.
   ❷ Он бли́зко.
   ❸ Я здесь.
2. ❶ Москва́ далеко́.
   ❷ Где дива́н?
   ❸ Карти́на там.

Урок 06 p. 074

1. ❶ Ⓐ
   ❷ Ⓑ
   ❸ Ⓓ
2. ❶ 이것은 과일들이다.
   ❷ 이것은 나무입니다.
   ❸ 그들은 친구다.
   ❹ 모스크바는 멀어.
3. ❶ Ⓐ Банк там.
   Ⓑ бли́зко
   ❷ Ⓐ Э́то кот?
   Ⓑ э́то не кот.
   Ⓒ А кто э́то?
   Ⓓ Э́то соба́ка.

Урок 07 p. 082

1. ❶ Э́то твоё я́блоко?
   ❷ Где твой брат?
   ❸ Э́то твоя́ кни́га?
2. ❶ Твоя́ ➡ Твой
   (слова́рь는 남성 명사)
   ❷ твой ➡ твоя́
   (гита́ра는 여성 명사)
   ❸ моя́ ➡ моё
   (и́мя는 중성 명사)

Урок 08 p. 090

1. ❶ Мой компью́тер до́ма.
   ❷ Она́ спра́ва.
   ❸ Оно́ сле́ва.

2. ❶ Твоя́ ру́чка спра́ва.
   ❷ Где мой каранда́ш?
   ❸ Метро́ бли́зко.

Урок 09 p. 098

1. ❶ Я всегда́ до́ма но́чью.
   ❷ Твой экза́мен у́тром?
   ❸ Моя́ игра́ ве́чером.

2. ❶ ⓑ ❷ ⓐ ❸ ⓒ

Урок 10 p. 106

1. ❶ твой
   ❷ наш
   ❸ на́ше
   ❹ ва́ша

2. ❶ Где ва́ша ро́дина?
   ❷ Наш кот сле́ва.

Урок 11 p. 114

1. ❶ ▶ Чей э́то друг?
   ▶ Э́то наш друг.
   ❷ ▶ Чьё э́то письмо́?
   ▶ Э́то его́ письмо́.
   ❸ ▶ Чья э́то мать?
   ▶ Э́то их мать.

Урок 12 p. 122

1. ❶ Ⓑ
   ❷ Ⓓ
   ❸ Ⓑ

2. ❶ 내 컴퓨터는 왼쪽에 있어.
   ❷ 나의 경기는 저녁에 있어.
   ❸ 당신의 휴가는 언제인가요?
   ❹ 이것은 누구의 편지니?

3. ❶ Ⓐ Где вокза́л?
   Ⓑ Он спра́ва.
   ❷ Ⓐ Чья э́то су́мка?
   Ⓑ Наве́рно
   Ⓒ Чьё э́то пальто́?
   Ⓓ Э́то моё

Урок 13 p. 130

1. ❶ Э́то на́ше но́вое зда́ние.
   ❷ Э́то моя́ краси́вая подру́га.
   ❸ Э́то его́ ста́рый костю́м.
   ❹ Э́то её но́вая кни́га.

2. ❶ Мой телефо́н но́вый.
   ❷ Коре́я - краси́вая страна́.

Урок 14 p. 138

1. ❶ **A:** Кака́я
   B: краси́вая
   ❷ **A:** Како́е
   B: большо́е
   ❸ **A:** Како́й
   B: но́вый

2. ❶ большо́е ➡ большо́й
   (музе́й는 남성 명사)

❷ краси́вый ➡ краси́вая
(дочь는 여성 명사)

❸ но́вая ➡ но́вое
(и́мя는 중성 명사)

해석

1. ❶ **A:** 이것은 어떤 그림이니?
B: 이것은 아름다운 그림이야.
❷ **A:** 이것은 어떤 호수야?
B: 이것은 큰 호수야.
❸ **A:** 이것은 어떤 사전이니?
B: 이것은 새로운 사전이야.

Урок 15

p. 146

1. ❶ большо́й
❷ ста́рый
❸ кита́йский
2. ❶ Э́то ру́сская ку́хня.
❷ Э́то кита́йский го́род.
❸ Э́то коре́йское блю́до.

해석

2. ❶ 이것은 러시아 음식이다.
❷ 이것은 중국 도시다.
❸ 이것은 한국 요리다.

Урок 16

p. 154

1. ❶ чита́ет
❷ чита́ем
❸ чита́ют
2. ❶ Что вы де́лаете сейча́с?
❷ Что она́ де́лает сейча́с?
❸ Что они́ де́лают сейча́с?

Урок 17

p. 162

1. ❶ Мы зна́ем ру́сский язы́к.
❷ Анто́н зна́ет тебя́?
❸ Они́ не зна́ют мой а́дрес.
2. ❶ тебя́
❷ его́
❸ их

Урок 18

p. 170

1. ❶ Ⓒ
❷ Ⓑ
❸ Ⓒ
2. ❶ 그는 새로운 학생이다.
❷ 우리는 소설을 읽는다.
❸ 그녀는 지금 무엇을 하나요?
❹ 당신은 그를 모르나요?
3. ❶ Ⓐ Како́е э́то о́зеро?
Ⓑ Оно́ большо́е и краси́вое.
❷ Ⓐ Что вы де́лаете здесь?
Ⓑ Я чита́ю испа́нский журна́л.
Ⓒ Вы зна́ете испа́нский язы́к?
Ⓓ немно́го зна́ю испа́нский язы́к.

Урок 19

p. 178

1. ❶ Что они́ слу́шают?
❷ Что ты чита́ешь?
❸ Вы зна́ете меня́?
2. ❶ де́лает ➡ де́лают
(друзья́가 주어이므로 동사는 3인칭 복수형(они́))

② пе́сня ➡ пе́сню
(여성 명사인 **пе́сня**가 목적어 자리에 있으므로 대격 변화)
③ ты ➡ тебя́
(**ты**가 목적어 자리에 있으므로 인칭대명사 대격 변화)

해석

1. ① 그들은 무엇을 듣나요?
② 너는 무엇을 읽고 있니?
③ 당신은 저를 아시나요?

Урок 20 p. 186

1. ① бана́ны
② места́
③ музе́и
④ пе́сни
⑤ актри́сы
⑥ собра́ния
2. Ⓓ
3. Ⓒ
4. Ⓓ

Урок 21 p. 194

1. ① 단수: челове́к
복수: лю́ди
② 단수: го́род
복수: города́
③ 단수: друг
복수: друзья́
2. ① соба́кы ➡ соба́ки
② ребёнкы ➡ де́ти
③ сту́ли ➡ сту́лья

Урок 22 p. 202

1. ① говори́шь
② говори́те
③ говоря́т
2. ① Ты о́чень хорошо́ говори́шь по-англи́йски!
② Они́ не говоря́т по-коре́йски.
③ Вы хорошо́ зна́ете япо́нский язы́к?

Урок 23 p. 210

1. ① слу́шаем
② смо́трит
③ чита́ете
④ говоря́т
2. ① иногда́
② обы́чно

Урок 24 p. 218

1. ① Ⓐ
② Ⓒ
③ Ⓓ
2. ① 나는 러시아어로 말한다.
② 우리는 뉴스를 본다.
③ 너는 자주 발레를 보니?
④ 나는 책 읽으면서 음악 들어.
3. ① Ⓐ Вы слу́шаете пе́сню?
Ⓑ Нет, я чита́ю газе́ту.
② Ⓐ Ты говори́шь по-англи́йски?
Ⓑ я говорю́ то́лько по-ру́сски.
Ⓒ ты зна́ешь япо́нский язы́к?
Ⓓ Но пло́хо говорю́ по-япо́нски.

Урок 25 p. 226

1. ❶ говори́ла
   ❷ зна́ли
   ❸ де́лали
2. ❶ смотре́ли ➡ смотре́л 또는 смотре́ла
   ❷ слу́шал ➡ слу́шали
   ❸ чита́ла ➡ чита́л

Урок 26 p. 234

1. ❶ в теа́тре
   ❷ на стадио́не
   ❸ на пло́щади
2. ❶ Слова́рь на дива́не.
   ❷ Сейча́с Ма́ша в музе́е.
   ❸ Соба́ка в ко́мнате.

Урок 27 p. 242

1. ❶ рабо́таешь
   ❷ рабо́тает
   ❸ рабо́тают
2. ❶ бы́ло
   ❷ бы́ли
   ❸ рабо́тала

Урок 28 p. 250

1. ❶ Где он живёт сейча́с?
   ❷ Где вы живёте сейча́с?
   ❸ Где они́ живу́т сейча́с?
2. ❶ в общежи́тии
   ❷ в Япо́нии
   ❸ в Росси́и

해석

2. ❶ 우리는 기숙사에 산다.
   ❷ 예전에 부모님은 일본에 사셨다.
   ❸ 이라는 러시아에서 일한다.

Урок 29 p. 258

1. ❶ обо мне́(나에 대해)
   ❷ о нём(그에 대해)
   ❸ о них(그들에 대해)
2. ❶ Ива́н ду́мает о пое́здке.
   ❷ Друзья́ говоря́т о Коре́е.
   ❸ Мы ду́маем о Росси́и.

Урок 30 p. 266

1. ❶ Ⓑ
   ❷ Ⓓ
   ❸ Ⓑ
2. ❶ 그녀는 소설을 읽었다.
   ❷ 고양이는 소파 위에 있다.
   ❸ 우리는 한국에 살아.
   ❹ 나는 여행을 생각하고 있다.
3. ❶ Ⓐ Что ты де́лаешь?
   Ⓑ Я всегда́ ду́маю о тебе́.
   ❷ Ⓐ Где ты живёшь?
   Ⓑ Я живу́ в це́нтре.
   Ⓒ где твой о́фис?
   Ⓓ На у́лице Арба́т.

한권 한달 완성
러시아어 말하기

쉬어가기 Quiz 정답

Урок 02

p. 043

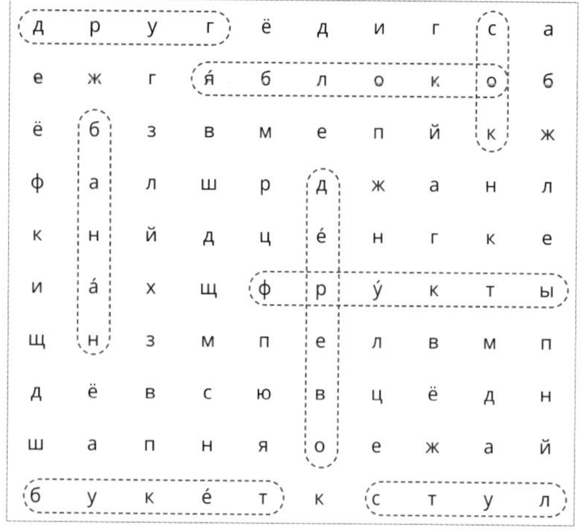

1. 과일 фрýкты
2.바나나 банáн
3. 사과 я́блоко
4. 의자 стул
5. 나무 дéрево
6. 꽃다발 букéт
7. 친구 друг
8. 주스 сок

Урок 08

p. 091

ш	ы	т	и	м	е	т	р	ó	ч
к	ë	д	у	л	о	й	ы	м	г
ó	с	é	а	б	т	г	д	щ	и
л	й	д	и	в	á	н	п	з	т
а	х	у	к	ф	ж	и	в	г	á
м	щ	ш	з	о	й	ю	н	ц	р
т	ж	к	б	н	р	ý	ч	к	а
п	д	а	в	ц	х	ё	р	с	ф
ч	з	х	с	м	с	е	м	ь	я́
к	о	м	п	ь	ю	т	е	р	ю

1. 소파 диван́
2. 펜 рýчка
3. 컴퓨터 компью́тер
4. 가족 семья́
5. 할아버지 дéдушка
6. 기타 гитáра
7. 학교 шкóла
8. 지하철 метрó

Урок 04

p. 059

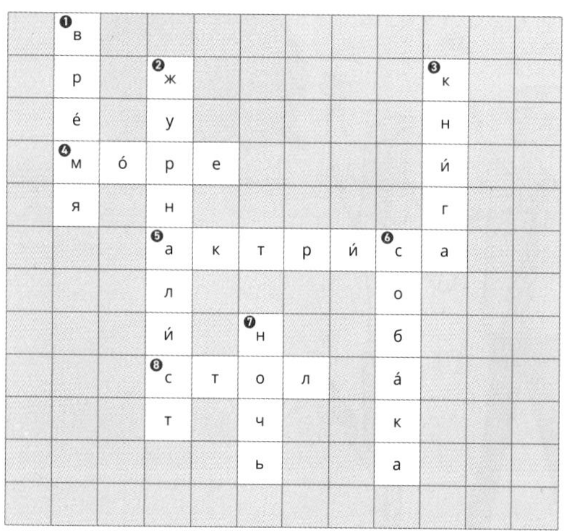

Урок 10

p. 107

										❶с	
						❷т				т	
						е				р	
						❸л	á	м	п	а	
						е				н	
			❹э			ф		❺в		á	
			к			ó		с			
			❻з	д	á	н	и	е			
❼и	г	р	á					г			
			м			❽р	ó	д	и	н	а
			е					á			
			н								

Урок 14

p. 139

м	ё	ы	п	и	с	ь	м	о́	ш
а	й	т	ж	к	м	х	а	ф	п
т	м	о́	г	л	я	р	ш	о	к
ь	э	з	ф	с	е	д	и́	г	б
ц	н	е	л	а	в	б	н	ю	э
г	о́	р	о	д	ж	т	а	й	м
з	д	о	с	у	ы	е	ц	з	д
в	й	к	ы	ё	л	а́	п	э	ж
б	и	б	л	и	о	т	е́	к	а
е	х	р	ю	н	т	р	щ	с	ч

1. 정원 сад
2. 자동차 маши́на
3. 도서관 библиоте́ка
4. 극장 теа́тр
5. 도시 го́род
6. 호수 о́зеро
7. 편지 письмо́
8. 어머니 мать

Урок 20

p. 187

ф	ч	д	в	т	ю	п	з	щ	с
е	м	р	а́	д	и	о	л	к	е
с	л	о́	в	о	ц	ж	н	х	к
т	й	к	я	ё	ч	у	б	г	р
и	н	е	м	н	о́	г	о	э	е́
в	р	т	л	щ	х	а	ф	ы	т
а́	г	н	ц	м	у́	з	ы	к	а
л	м	с	б	з	п	е́	ш	в	р
ь	ц	ю	д	т	ё	т	я	м	й
ш	з	ж	к	г	ф	а	с	я	н

1. 라디오 ра́дио
2. 음악 му́зыка
3. 신문 газе́та
4. 조금, 약간 немно́го
5. 축제 фестива́ль
6. 단어 сло́во
7. 고모, 이모 тётя
8. 비밀 секре́т

Урок 16

p. 155

			❶п								
			р							❷ж	
		❸к	о	р	е́	е	ц			у	
			ф							р	
			е́				❹т			н	
	❺п	е́	с	н	❻я		❼р	о	м	а́	н
			с		з		у́			л	
			о		ы́		д				
			р		❽к	и	н	о́			
							ы				
							й				

Урок 22

p. 203

					❶с						
❸п				❷х	о	р	о	ш	о́		
л					б						
о́				❹в	р	а	ч				
х					а́				❺ч		
❻о	❼т	л	и́	ч	н	о			е		
	р				и				л		
	а			❽р	е	б	ё	н	о	к	
	м								в		
	в								е́		
	а́								к		
	й										

Урок 26

p. 235

з	б	ю	ф	и	л	ь	м	э	к
и	г	ы	ё	н	м	ж	л	д	о́
ч	а́	с	т	о	ч	п	й	в	м
в	э	ж	у	г	я	л	х	у	н
ч	н	й	ф	д	р	о́	ы	ч	а
е	ю	ц	х	а́	к	щ	ш	п	т
р	щ	в	м	э	ё	а	б	я	а
а́	п	у	с	т	а	д	и	о́	н
к	л	р	д	с	ю	ь	г	з	й
и	б	а	л	е́	т	а	н	ы	ж

1. 어제 вчера́
2. 광장 пло́щадь
3. 가끔 иногда́
4. 발레 бале́т
5. 영화 фильм
6. 경기장 стадио́н
7. 자주 ча́сто
8. 방 ко́мната

Урок 28

p. 251

						❶р					
		❷р	е	с	т	о	р	а́	н		
						д					
		❸Р	о	с	с	и́	я				
						т		❹д			
	❺р	а́	н	ь	ш	е		о́			
						л		м			
				❻у́	л	и	❼ц	а			
							е				
		❽г	о	с	т	и́	н	и	ц	а	
							т				
							р				

MEMO